훈민정음과 문자론

■ ■ ■ ■ ■ Graphonomy

전정례 · 김형주 지음

책을 펴내며

우리 민족의 가장 위대한 문화유산은 무엇일까요? 그것은 바로 우리 고유의 문자인 훈민정음일 것입니다.

제가 미국에 머물고 있을 때, 가까운 미국 동료가 과학전문지인 '*Discovery*' 94년 6월호에 난 기사를 가지고 와서 훈민정음이 그렇게 우수한 문자냐고 물은 적이 있었습니다. 언어학자인 Jared Diamond는 그 잡지에서 '한글이 세계에서 가장 과학적인 문자'라며 칭찬을 아끼지 않았는데, 그때 저는 너무나 우쭐해져서 훈민정음에 관해 열띤 강의를 했던 것으로 기억합니다.

그 후로도 오랫동안 다른 많은 언어학자들이 훈민정음에 관해 최대의 찬사를 아끼지 않았습니다.

'문자와 어음과의 관계가 가장 가까운 문자' – *William S.Y. Wang*
'세계에서 가장 과학적인 문자 체계' – *E.O. Reischauer, J.K. Fairbank*
'세계에서 가장 훌륭한 알파벳' – *F. Vos*
'인류가 쌓은 가장 위대한 지적(知的) 성취의 하나' – *G. Sampson*

아직까지 국내에 이렇다할 문자론 관련 서적이 부족한 이유로, 좀 더 쉽고 재미있게 문자론의 이모저모를 소개하고 싶었는데, 학부와 대학원 과정에 문자론 수업을 개설하면서 이제 미흡하나마 그 뜻을 이룬 것 같습니다. 이 책에서는 아시아 제 민족의 문자와 훈민정음의 관계, 특히 한·중·일 세 나라의 문자 관련성을 기술하는데 주안점을 두었습니다.

그러나 막상 아쉬움이 남습니다. 다음 기회에 더 깁고, 다듬어야 할 것 같습니다. 함께 책을 만든 김형주 선생은 대단히 섬세한 스타일리스트입니다. 지난 학기 함께 문자론을 공부하면서 이 책을 만들 수 있도록 도와 준 건국대학교 국어국문학과 박사과정의 윤재연, 원홍연, 시이나 겐이치에게도 감사를 보냅니다.

2002년 2월
전정례

차례보기

책을 펴내며　3

제1장　일반 문자론

1. 문자의 발생 9
2. 문자 철학 13
3. 문자와 문자론 16
4. 문자의 역사 20
   1) 수메르 문자 20
   2) 이집트 문자 22
   3) 크레타 문자 24
   4) 셈 문자 25
   5) 페루 문자 27

제2장　서양의 문자 체계

1. 알파벳의 기원 31
2. 알파벳의 글자꼴 36

제3장　중국의 문자 체계

1. 한자의 기원 41
2. 한자의 구조 44
3. 한자의 글자꼴 48

제4장　아시아 제 민족의 문자 체계

1. 아랍 문자 55
2. 인도 문자 56
3. 거란 문자 57
4. 돌궐 문자 58

　　5. 여진 문자 59

　　6. 몽고 문자 60

　　7. 만주 문자 62

제5장　일본의 문자 체계

　　1. 일본 문자의 기원 65

　　2. 일본 문자의 특징 68

제6장　한국의 차자표기 체계

　　1. 차자표기의 역사 77

　　2. 서기체 표기법 80

　　3. 이두 표기법 82

　　4. 구결 표기법 84

　　5. 향찰 표기법 87

제7장　한국의 훈민정음체계

　　1. 훈민정음의 판본 93

　　2. 훈민정음 제자 원리 97

　　3. 훈민정음의 언어관 105

　　4. 훈민정음과 각필 부호 108

제8장　세종 이후 훈민정음론

　　1. 최세진과 훈몽자회 115

　　2. 실학자들의 정음 연구 118

제9장 훈민정음의 서체 발달사

1. 글자꼴의 역사 125
  1) 15세기 자료 126
  2) 16세기 이후 자료 130

제10장 한글 표기법 변천사

1. 중세국어 표기법 141
2. 근대국어 표기법 145
3. 현대국어 표기법 148
4. 소실 문자 150

제11장 또 다른 언어 문자 — 수화

1. 수화와 기호언어 157
2. 수화기호의 구성법 159
3. 수화소 163
4. 수화의 보편성 166
5. 수화의 문법성 169

제12장 컴퓨터 문자

1. 컴퓨터 글자꼴 175
2. 통신 문자 179

제1장 일반 문자론

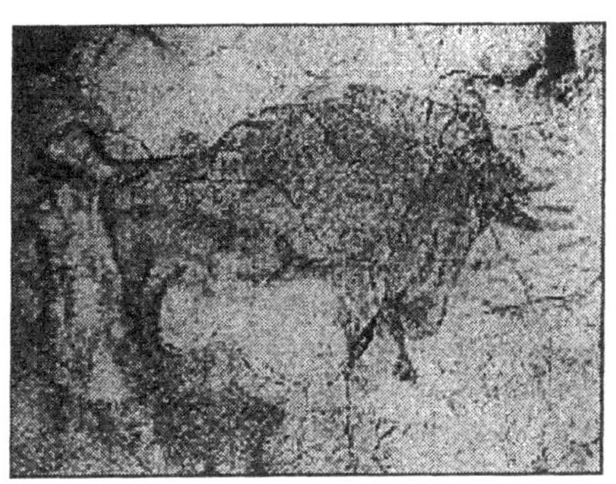

알타미라 동굴 벽화

문자는 인류 사회가 발달하면서 정보 보존에 대한 필요성이 높아짐에 따라 발전하게 되었다. 그렇다면 채색되거나 조각된 형태로 발견되는 동굴 벽화는 문자인가? 예술인가? 스페인 북부 칸타프리아 지방에서 발견된 알타미라 동굴 벽화에는 수많은 동물 그림이 원형 그대로 보존되어 있는데, 이는 구석기 회화의 전형으로 다루어지기도 하고, 가장 앞선 시기의 문자로 다루어지기도 한다.

1. 문자의 발생

문자는 원시 공동체의 가장 기본적인 생활 도구이다.

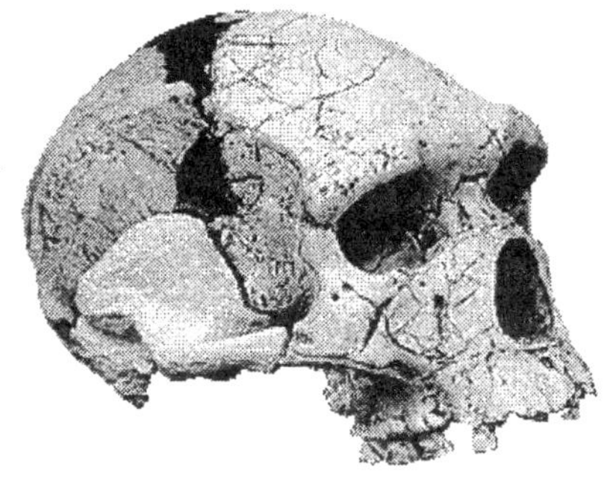

호모 에렉투스

▶ 추천 웹 사이트
www.mnh.si.edu

스미소니언연구소, 인간의 기원 프로그램 : 여러 종류의 화석 인류에 대해 설명하고 있다.

인류는 언제부터 언어를 사용하게 되었을까? 음성언어와 문자언어 가운데 인류의 의사전달 수단으로 어느 것이 먼저 발생하였을까? 이에 대하여는 정확히 알 수 없으나, 일반적으로 음성언어가 문자언어보다 먼저 발생했을 것으로 추정되고 있다. 그러나 고대 인류가 남긴 추상적인 형태의 기호나 동굴 벽화를 문자 언어로 간주한다면 문자의 발생시기는 지금보다 훨씬 더 거슬러 올라갈 수 있을 것이다.

호모 하빌리스 Homo habilis는 '손을 잘 쓰는 사람'이란 뜻을 가진 최초의 구석기인으로 도구를 만들어 사용했으며, 발달된 화석의 발 뼈 상태로 보아 직립보행을 했을 것으로 추정된다. 이는 보행으로부터 자유로워진 손의 창조적인 사용이 두뇌의 발달로 이어지는 중요한 변화를 가져오게 된다. 이 시기를 거쳐 등장한 **호모 에렉투스** Homo erectus는 '서서 걷는 사람'이란 뜻을 가진 전기 구석기인으로 뇌용량이 증가함에 따라 후두부 하단과 대뇌피질의 전두엽 부위가 발달하여 감각기관과 균형기관의 능력이 신장되고, 관찰 및 분류 능력이 뛰어났을 것으로 추정된다. 이는 문화를 창조하고 향유할 수 있는 새로운 인류가 등장했음을 의미하며, 도구의 발달을 가져오게 된다. 도구 제작기술이 발달하는 이 단계에 들어서면 집단적인 수렵 활동을 위한 기본적인 의사소통 수단이 필요하게 되고, 따라서 몰이사냥과 같은 집단의 사냥 활동을 효과적으로 수행하기 위해 동작언어 gestual language 이외에도 음성신호 vocal sign가 적극적으로 이용되었을 것이다.

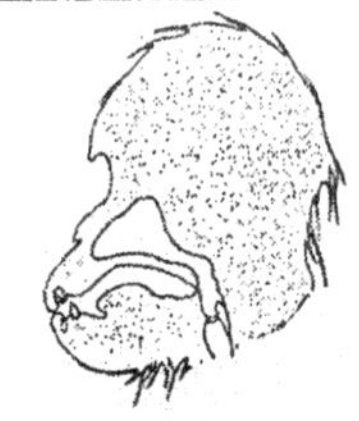

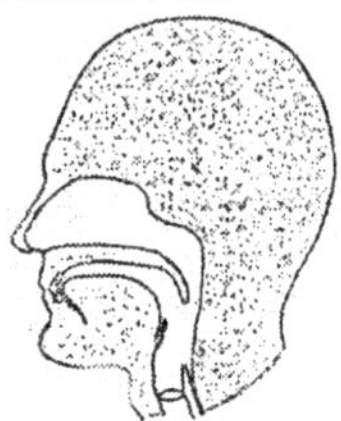

인류의 진화

호모 사피엔스 Homo sapiens는 '지혜 있는 사람'이란 뜻을 가진 중기 구석기인으로 농경과 목축을 했으며, 매장 문화를 가지고 있었다. 또 **호모 사피엔스 사피엔스** Homo sapiens sapiens는 '지혜가 많은 사람'이란 뜻을 가진 후기 구석기인으로, 교환 경제 활동을 했으며, 다산(多産)과 풍요를 비는 원시종교를 가지고 있었던 것으로 추정된다. 다양한 문화의 흔적이 발견되는 이 단계에서는 원시공동체 생활이 문화적으로 상당한 수준까지 발전했으며, 동일한 언어 공동체를 중심으로 원시적인 형태의 문자사용이 가능하게 된다.

지금으로부터 약 10만 년 전에 등장한 후기 구석기인이 알타미라 Altamira와 라스코 Lascaux 동굴에 남긴 채색 벽화는 가장 앞선 시기의 문자 형태를 짐작할 수 있게 해 준다. 즉, 이 시기의 문자는 현실세계를 있는 그대로 그려내는 **도상**(圖像 icon)적인 그림문자였을 것이다. 더욱 이 후기 구석기 시대 가운데 마들랜 Madeleine 문화 말기에 이르면 동굴 벽화가 사실적인 그림에서 점차 멀어져 추상화되는데, 이는 문자화의 과정과 일치한다. 원시적인 형태의 동작 언어에서 무용의 기원을 찾듯이, 음성 언어와 음악, 문자 언어와 미술은 밀접한 상호관련성을 갖는다. 동굴 벽화가 구석기 시대의 회화이자 가장 앞선 시기의 문자일 수 있는 이유도 바로 이 때문이다.

구석기인의 경제활동이 집단적인 수렵 및 채집에 의존하는 단계에서는 음성을 이용한 언어가 필요하게 되고, 원시공동체의 규모가 커지고 생활공간이 확장되어 교환 경제가 등장하는 단계에서는 문자의 사용이 요구된다는 가정은 설득력이 있다. 더욱이 해부학적인 측면에서 대부분의 포유류가 숨쉬는 것과 음식 삼키는 것을 동시에 하기 위해 후두가 목구멍 위쪽에 위치하고 있는 것과 달리, 후기 구석기 인류는 앞으로 돌출된 안면 하부가 들어가면서 후두가 세 번째 경추와 여섯 번째 경추 사이로 이동하기 시작하였다. 즉, 성문이 하강하여 소리를 내는데 편리하도록 진화한 것이다. 또 팔·다리의 근육과 함께 손과

▲ 선사시대의 인류에게 추상적인 사고 능력이 있었음을 증명하는 가장 앞선 시기의 유물은 남아프리카 블롬보스 Blombos 동굴에서 발견된 광석이다. 이 유물은 대략 7만 년 전 인류의 것으로, 광석 표면에 복잡하고 기하학적인 형태의 선형(線形 linear) 무늬가 새겨져 있다.

▲ 신석기 시대의 토기에는 대부분 기하학적인 선형 무늬가 새겨져 있다. 이들 토기는 일반적으로 머리를 빗는 빗의 모양을 닮았다고 하여 빗살무늬토기 comb pattern pottery라고 불리는데, 그 무늬의 의미는 아직 밝혀진 바 없다. 다만 현실 세계의 한 단면을 그대로 옮겨놓은 기호라는 해석이 가능하다.

입을 움직이는 근육도 발달하였는데, 결과적으로 인간의 진화가 언어사용을 위한 진화이기도 했음을 의미한다.

또한 문자를 의사표현 및 의사소통의 기본적인 도구로서 의사전달의 경제성과 다양성을 찾는 과정에서 고안된 문화적인 산물로 정의내리면, 가장 앞선 시기의 문자를 굳이 문자 이전의 문자로 구분할 필요는 없다고 볼 수 있다. 실제로 문자생활이 본격적인 궤도에 들어서기 전에는 생활 주변에서 쉽게 구할 수 있는 재료를 이용하여 정보를 멀리 떨어진 곳에 전달하거나, 공동체와 관련된 중요한 정보를 기록으로 남겼다.

오스트레일리아 원주민의 *Message Stick*은 둥근 나무 막대기에 눈금을 새긴 것이고, 페루 모체 Moche족의 *Bean Message*는 콩 주머니에 콩을 담은 것이다. 북아메리카 이러쿼이 Iroquoi족의 *Wampum Belt*는 모양과 색체가 다른 조가비 구슬띠를 묶은 것으로 정보를 멀리 떨어진 곳에 전달하는 데 사용하였다.

또한 뉴질랜드 마오리 Maori족의 *Whakapapa*는 톱 모양의 목판에 자기 종족의 계보를 적은 것이고, 다코타 Dakota족의 *Winter Count*는 자기 종족에게 일어난 일을 기록해 놓은 일종의 연대기이다. 오스트레일리아 원주민의 *Churinga*에는 신화적인 생물의 이야기가 기록되어 있고, 알곤킨 Algonquin족의 *Midewiwin*에는 춤의 종류와 노랫말이 새겨져 있다.

이들 원시적인 형태의 의사전달 방식은 구석기 시대로부터 훨씬 후대의 것이지만, 일반적으로 가장 앞선 시기의 문자 형태는 **도상적 그림문자**임을 알려주는 중요한 단서가 된다. ■ Graphonomy

| 참고자료 |

1) B. M. Fagan, 이희준 옮김(2001), '인류의 선사문화 I', 사회평론.
2) Albertine Gaur, 강동일 옮김(1995), '문자의 역사', 도서출판 새날.

3) 유태용(1999), 인류의 문화를 찾아서, 학연문화사.

▶ www.becominghuman.org
아리조나 주립대학, Institute of Human Origins : 인간의 기원과
관련하여 다양한 자료를 소개하고 있다.
▶ www.culture.fr/culture/arcnat/lascaux
프랑스 문화통신부, Cave of Lascaux : 프랑스 도르도뉴의 몽티
냐크에 위치한 라스코 동굴에 대한 자세한 소개를 하고 있다.

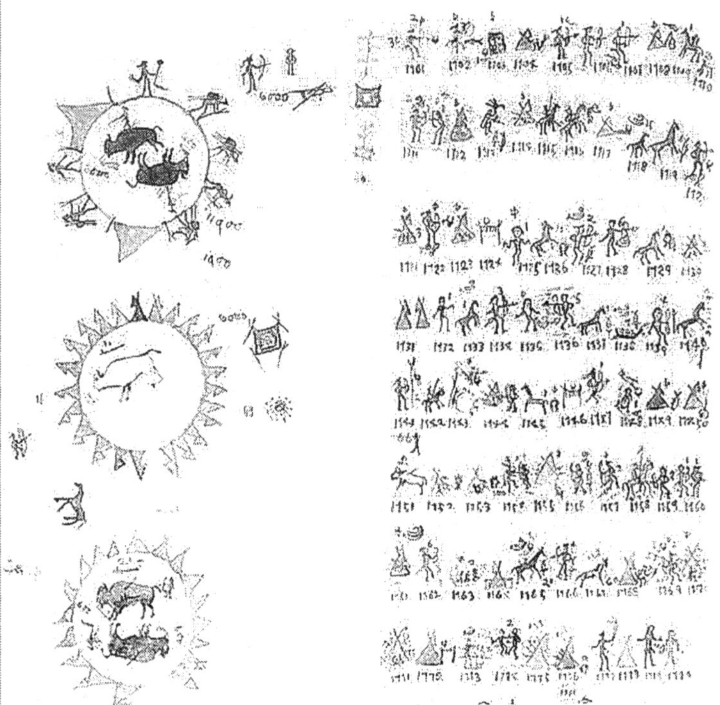

Winter Count

ㄹ. 문자 철학

태초에 말씀이 계시니라.

■ 소쉬르는 언어 기호를 심리적 개념 signifie과 청각적 영상 signifiant의 결합으로 설명함으로써 언어학에서 문자를 배제시켰다. 이는 19세기 역사비교언어학자들이 문자의 기원이나 변화를 주된 연구 대상으로 삼았던 것에 대립하는 연구 태도로서 언어연구의 흐름을 문자에서 음성으로 옮겨놓는데 커다란 영향을 주었다.

문자론은 글말인 문자를 과학적으로 연구하는 학문이다. 언어학의 하위 분야로서 음성학에 대한 연구가 중요한 의미를 가지듯이, 문자론에 대한 연구 또한 중요한 의미를 갖는다. 그런데 19세기 이후 현대 언어학의 흐름에서 문자론은 비주류 학문으로 취급되어 왔다. 특히 소쉬르 F. de Saussure와 블룸필드 L. Bloomfield로 대표되는 구조주의 언어학자들은 문자 적대주의적인 관점까지 드러냈다. 이는 비트겐슈타인 L. Wittgenstein이 언어를 통해 철학적인 문제를 해결하려는 관점에서, 철학적인 사유의 도구로서 언어의 한계를 지적한 것과 사뭇 다른 태도이다.

이러한 문자에 대한 편견은 생각보다 그 뿌리가 깊다. 플라톤 Platon의 '이데아 idea'론 이후 서구 형이상학적 전통의 기본 바탕이 된 이성 logos 중심주의도 현전의 형이상학으로서, 말하는 권위를 글 쓰는 권위보다 중시하는 음성 중심주의적 태도를 보인다. 이러한 태도는 '성서'에서도 쉽게 찾아볼 수 있다. '구약'의 출애굽기에서 모세는 하나님의 음성을 통해 계시를 받지만, 하나님의 모습은 볼 수가 없었다. 볼 수 있다는 것 자체가 곧 타락으로 인식되었기 때문이다. 형이상학과 형이하학을 구분하는 이 같은 이원론적 세계관에서는 현상 physis과 이름 nomos, 이성 logos과 감성 pathos, 아폴로 Apollo와 디오니소스 Dionysos를 대립되는 개념으로 인식하고, 전자를 후자보다 가치 있는 것으로 평가한다. 그 결과 문자를 음성의 이차적인 재현이나 그림자로 취급하는 전통을 구축하게 된다.

　　개별적인 언어 현상을 기술하기 위해서는 전체의 구조 안에서 다른 구성 요소와의 관계에 초점을 맞추어, 그것과 관련 있는 다른 현상에 대해서 관심을 가져야 한다고 말했던 구조주의 언어학자 소쉬르는 문자를 'signifiant의 signifiant'이라고 비하했다. 심리적 개념 signifie을 자연적이고 직접적으로 파악할 수 있는 수단은 자기 현전의 음성을 통해서만 가능하고, 문자는 사회적인 관습화에 따른 외면적 표상에 지나지 않는 것으로 여겼기 때문이다. 구조주의 언어학이 프라그 학파 Prague School를 중심으로 음운론 연구에 관심을 가진 것은 이 같은 음성중심적 태도에 기인한 것으로 볼 수 있다. 물론 이 같은 태도는 그동안 전통문법학자들이 정서법을 지나치게 강조하는 과정에서 입말과 방언을 천시했던 것에 대한 반작용일 수도 있다.

　　이에 대해 데리다 J. Derrida는 궁극적인 무엇이 따로 있다는 믿음에서 출발한 형이상학은 결국 모든 가치의 서열을 매기려는 욕망이며 억압의 구조라고 지적하면서, 음성과 문자를 형이상학과 형이하학으로 구분하는 이원론적인 구조는 허구이며, 이의 해체를 주장했다. 더욱이 문자론을 음성학에 대비시키거나 또는 일반적으로 하나의 중심을 다른 중심에 대조한다는 것은 있을 수 없다고 말하며, 문자와 음성을 대립되는 개념으로 보지 말 것을 당부했다.

　　한편 소쉬르도 언어기호를 *S/s*의 임의적인 결합이라고 설명함으로써 청각적 영상 signifiant이 사회적인 관습임을 스스로 인정하여, *signifiant*의 자리에 문자를 허용하는 자기모순을 드러내고 있다. 따라서 음성과 문자는 젓가락 운동이나 가위질과 같은 상보적인 관계임을 인정해야 한다. 비록 사랑방에서 말하기와 안방에서 글쓰기의 성격이 다르고, 기억과 회상의 방식을 이용하는 것도 다르지만, 문자와 음성은 의사전달의 경제성과 다양성을 찾는 과정에서 고안된 문화적인 산물이라는 점에서는 결국 동일하기 때문이다.

　　도끼는 손의 확장이고, 안경은 눈의 확장이라고 주장한 맥루한 H. M. Mcluhan의 논리에 따르면 문자는 음성의 확장이라 할 수 있다. 문자가 음성의 시공간적 한계를 보완하여 의사소통의 기능을 강화하기 때문이다. 그러나 병렬식 의사소통의 매체인 인터넷 환경에서 문자 중심의 정보전달 방식이 점차 음성이나 그림, 동영상으로 보완되는 것을 볼 때, 음성 또한 문자의 확장이라 할 수 있다. 실제로 문화예술 종합 웹진 *goPAPER*와 *CCONG*은 문자의 사용을 최대한 줄이고, 그림과 동영상만으로 정보를 제공하는 새로운 의사전달 방식을 시도하고 있는데, 이를 눈여겨봐야 할 것이다. ■ Graphonomy

| 참고자료 |

1) 김성도(1996), ‘그라마톨로지’, 민음사.
2) 김형효(1997), ‘데리다의 해체철학’, 민음사.
3) 유평근・진형준(2001), ‘이미지’, 살림.
4) Newton Garver, 이승종・조성우 옮김(1999), ‘데리다와 비트
　　겐슈타인’, 민음사.
5) R.H. Robins, 박수영 옮김(1992), ‘언어학의 사상사’, 이목.
6) Walter J.Ong, 이기우・임명진 옮김(1997), ‘구술문화와 문
　　자 문화’, 문예출판사.

▶ www.gopaper.net
goPAPER : 천리안 페이퍼 매니아들이 만든 문화 웹진으로 격월간 발행한다.
▶ www.ccong.com
콩 : 문화 웹진으로 영상과 게임, 만화 등의 정보를 제공한다.

웹진 *goPAPER*

3. 문자와 문자론

문자론은 문자 기호와 그 흔적을 연구하는 학문이다.

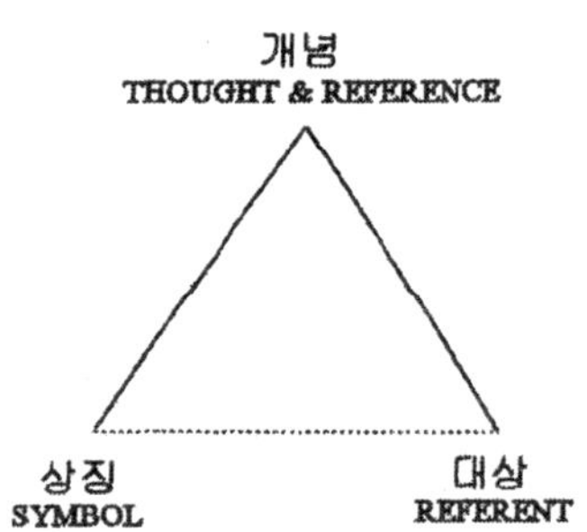

의사소통 과정에서 메시지 message를 성공적으로 전달하기 위해서는 발신자와 수신자가 동일한 부호 code 처리 체계를 가져야 한다. 일반적으로 메시지는 하나 또는 그 이상의 도상적 혹은 상징적 기호 sign로 이루어지며, 음성이나 문자를 비롯하여 그림·음향·몸짓·손짓·신호 등 다양한 형태의 매체 channel를 이용한다.

피어스 C.S. Peirce(1931~1935)는 이러한 기호의 유형을 지표 index성과 도상 icon성, 상징 symbol성으로 구분하여 설명한다.

지표성 기호 : 자연적인 기호를 이용하여 지시 대상을 가리키거나 연상시킨다. 연기, 콧물, 먹구름 등은 그 좋은 예이다. 즉, 먹구름은 비가 오기 전에 나타나는 자연 현상으로, 비를 가리키는 기호가 된다. 따라서 지표성 기호의 청각적 영상 signifiant과 심리적 개념 signifie은 먹구름과 비처럼 **관련성**에 기초한다. 이는 기호 sign와 구분되는 신호 signal로 볼 수 있다.

도상성 기호 : 인위적인 기호를 이용하여 지시대상을 가리키거나 연상시킨다. 화장실의 남녀 표시, 제품사용 설명서의 안내 그림 등이 그 예이다. 따라서 도상성 기호의 청각적 영상과 심리적 개념은 동그라미와 보름달처럼 **유사성**에 기초한다.

상징성 기호 : 인위적인 기호를 이용하여 지시대상을 가리킨다. 이 기호는 도상성 기호와 달리 사회적인 약

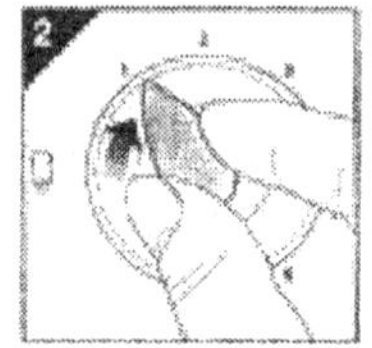

도상성 기호

속을 전제로 하기 때문에 연상보다는 기억을 환기시킨다. 지도 위의 각종 표시나 문자 언어 등이 바로 그 예이다. 따라서 상징성 기호의 청각적 영상과 심리적 개념은 **자의성**에 기초한다.

한편, 제프리 샘슨 G. Sampson(2000)은 문자의 유형을 의미 표기적 문자와 언어표기적 문자로 분류하여 보다 세분화된 분류를 시도한다.

의미 표기적 문자 : 기호와 지시대상의 관계가 직접적이고, 필연적이며, 구상적인데 반해, 부호 처리 체계가 주관적이고 비경제적이다. 그러나 특정 개별 언어의 문자 체계와 관련 없이 인류 공통의 문자 체계인 그림문자라는 점 때문에 오늘날까지도 제품사용 설명서 등에 널리 사용되고 있다.

언어 표기적 문자 : 기호와 지시대상의 관계가 간접적이고, 우연적이며, 추상적인데 반해, 부호 처리 체계가 객관적이고 경제적이다. 이러한 언어 표기적 문자는 어표 표기적 문자와 음성 표기적 문자로 구분이 가능하다.

어표 표기적 문자(표의문자)는 의미를 중시하는 유연적인 기호로서 다형태소 단위에 입각한 회의문자와 형태소적 단위에 입각한 상형문자로 나눌 수 있다.

음성 표기적 문자(표음문자)는 음성을 중시하는 자의적인 기호로서 음절문자와 음소문자, 자질문자로 나눌 수 있다.

일종의 표의문자인 **그림문자**는 가장 앞선 시기의 문자로, 상형문자의 전 단계 문자이다. 일반적으로 그림문자는 생활주변에서 쉽게 구할 수 있는 재료인 조개껍질, 나무, 돌맹이, 동물의 껍질, 뼈, 뿔 등을 이용하거나 생활터전인 동굴이나 하천 등지의 벽면에 조각하거나 채색하는 방법

아즈텍인의 장식문자

으로 기록되는데, 알타미라 동굴 벽화를 비롯하여 북아메리카 인디언의 기록에서 볼 수 있듯이 현실세계를 있는 그대로 그려내는 도상적 기호이다.

표의문자인 **상형문자**는 고대의 4대 문명발상지인 이집트, 메소포타미아, 인더스, 황하를 중심으로 널리 사용되었다. 이집트인의 신성문자, 중국인의 갑골문자, 아시리아인·바빌로니아인·수메르인의 설형문자, 마야인·아즈텍인의 장식문자, 크레타인의 선형문자 등이 가장 대표적인 상형문자이다.

한 음절을 한 글자로 표기하는 **음절문자**는 표음문자로서 중국의 한자가 가지고 있는 음절문자적 성격을 발전시킨 일본인의 가나(假名)를 비롯하여 아메리카 인디언인 체로키 Cherokee 문자, 키프로스 Kypros 문자, 후기 셈 Sem 문자, 인도인의 데바나가리 Devanagari 문자 등이 대표적인 형태이다.

표음문자인 **음소문자**는 음절문자보다 표음성이 더 강한 문자로서 가장 발달된 형태의 문자이다. 음소문자에는 자음 중심의 문자(전기 셈 Sem 문자), 자음과 모음을 다 같이 표시하되 자음이 기초가 되고 모음은 단지 부가적 기호로 쓰이는 문자(에티오피아 문자, 인도 문자) 및 자음과 모음을 동등하게 음소로 취급하는 문자(알파벳, 한글) 등이 있다. 이외에 몽고의 파스파 Phagspa 문자, 만주 문자, 러시아인의 키릴 문자 등이 대표적인 예이다.

한편 우리의 한글은 **자질문자**로도 분류될 수도 있는데, 이는 획이 하나 더해질 때마다 음성자질이 달라지며, 다른 글자가 되기 때문이다. 즉 ㄴ→ㄷ→ㅌ으로 한 획이 더해짐에 따라 음성 자질이 달라지며 각각 다른 글자가 되는 것이다.

문자론의 명칭은 *Graphonomy*, *Writing System*, *Orthography*, *Graphetik*, *Grammatology* 등의 명칭으로 사용된다. 일부에서는 음운론과 대립하는 개념으

로 문자론, 음성학과 대립하는 개념으로 문자학을 구분하기도 하지만, 그 같은 구분은 객관적이지 않다. 문자론의 연구 범위는 문자를 과학적으로 연구하는 언어학의 하위 분야로서 문자의 계통, 역사, 구조 등을 다룬다. 물론 이 외에도 글자꼴 고안 Font Design을 위한 실용적인 서체 연구와 함께 글씨체를 보고 심리를 분석하는 필적학, 정보 보호를 목적으로 하는 암호학, 금석학 등도 문자론 연구의 응용분야라 할 수 있다. ■ Graphonomy

| 참고자료 |

1) U. Eco, 김광현 옮김(2000), '기호 개념과 역사', 열린책들.
2) 민현식(1995), <문자론과 차자법>, 素谷 남풍현 선생 회갑기념논총 간행위원회.
3) G. Sampson, 신상순 옮김(2000), '세계의 문자체계', 한국문화사.
4) 전정례(1995), '언어와 문화, 박이정.

▶ www.ancientscripts.com
고대문자 웹사이트 : 고대문자에 대한 자세한 내용을 살펴볼 수 있다.

4. 문자의 역사

모든 문자는 기원적으로 상형문자이다.

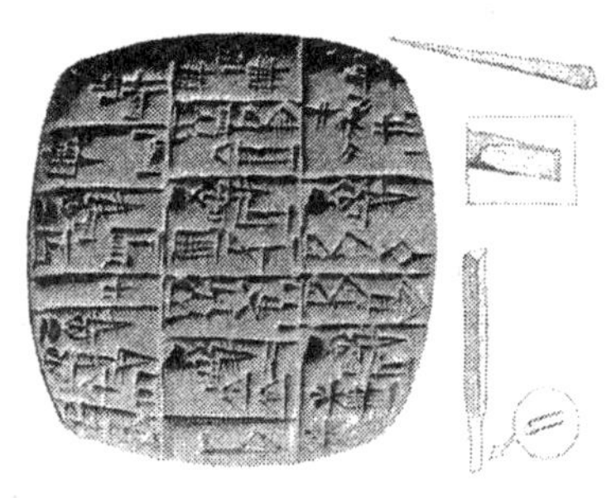

설형문자

▲ 설형문자화 과정
▼ 그림문자의 활용

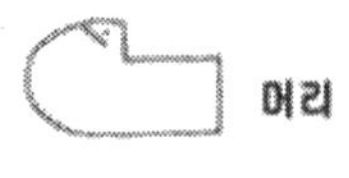

1) 수메르 Sumer 문자

인류 문명의 4대 발상지 가운데 가장 오래된 지역으로 메소포타미아 남쪽에서 발견된 수메르 문명은 기원전 4000년 경에 조그만 조약돌을 물표 token로 사용하는 교환 경제 활동을 시작했다. 또한 그들은 가축과 땅을 매매한 계약서를 점토판에 기록하여 보관하였다. 이처럼 수메르인은 공동체 문화를 바탕으로 원시적인 형태의 문자를 사용하고 있었다.

수메르인의 문자는 초기 그림문자에서 음가를 부여한 상형문자로 발전하는데, 그림의 생략화가 진행되면서 선형문자를 거쳐, 곡선이 전혀 없는 직선과 쐐기만으로 이루어진 **설형문자**로 발전한다. 설형문자란 끝이 삼각형인 쐐기 모양의 갈대펜으로 점토판에 눌러 찍은 문자의 형태에서 생겨난 이름이다. 적당한 크기로 점토를 반죽하여, 그 위에 문자를 기록한 다음 다시 말리거나 불에 굽는 과정이 다소 번거로워 보이지만, 기록 매체로 주로 점토판이 이용된 것은 1차적으로 주변에서 쉽게 구할 수 있기 때문이고, 2차적으로 다른 매체에 비해 기록이 용이하다는 점을 들 수 있다. 아울러 기록 매체가 반죽한 점토판이었기 때문에 딱딱한 필사 도구를 이용한 것으로 보인다.

수메르 문자는 하나의 단어가 여러 음가로 읽히고, 또한 여러 의미를 나타내었다. 복합어도 일찍부터 사용되었는데, 날로 늘어나는 유의어를 구분하기 위해 부차적인

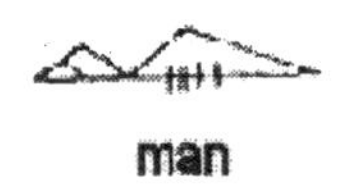

▲ 설형문자의 복합어

■ 추천 웹사이트
www.upenn.edu/museum/
Games/cuneiform.html

펜실베니아대학, 고고학 &
문화인류학 박물관 :
설형문자에 대한 간단한 소개와
함께, 자신의 이름을 설형문자로
바꾸어 볼 수 있다.

saturn.sron.nl/~jheise/akkadian/
Welcome.html

아카드 문자체계 : *Akkad* 문자
체계에 대해 다양한 자료가 제시
되어 있다.

기호인 한정사를 표시하여 구분하기도 하였다.

그림문자인 초기 수메르 문자는 점차 추상화되어 **상형문자**로 발전하는데, 예컨대 태양은 ◡ 로 표시했다가, 후에 마름모꼴로 추상화된다. 수메르인은 알타이어족인 몽고족으로 주변 민족과 달리 교착어에 가까운 문자 체계를 가지고 있었다. 또 일정한 어순에 따라 문맥상 예측 가능한 글자를 생략할 수 있었고, 시제와 격의 개념은 없었지만, 접미사와 한정사를 사용하기도 했다.

수메르 문자는 좌에서 우로 기록되었으며, 대부분의 문자들이 시계 반대 방향으로 90° 회전하여 표기되었는데, 이는 첨필 작업을 쉽게 하기 위한 목적에서 고안된 것으로 보인다.

수메르족은 셈족의 침입으로 멸망하고, 수메르 문자는 수메르 북쪽에 위치한 아카드 족에게 영향을 주면서 바빌로니아 문자로 이어진다. 이후 메소포타미아 북부에서 일어난 아시리아가 오리엔트 전역을 통일함에 따라 아시리아 문자로 계승된다.

수메르 설형문자는 이처럼 아카드인, 바빌로니아인, 아시리아인에게 전해져 고대 오리엔트 전역으로 퍼져 나갔으며, 이외에도 히타이트인과 페르시아인에게 영향을 끼치면서 약 3000년간 서아시아 지역의 공용어로 사용되다가 알렉산더 대왕의 동방 원정으로 그 사용이 크게 위축되어 서기 74년을 끝으로 완전히 사라진 문자이다.

| 참고자료 |

1) 고창수(1977), <수메르어학과 한국어 계통론>, 한국어학회 제109차 연구발표 요지, 한국어학회.
2) 조철수(1996), <수메르어・古代國語 文法範疇 對照分析>, 언어학 19, 한국언어학회.

신성 Hieroglyphic 문자

2) 이집트 Egypt 문자

이집트는 고대 동방 문명의 중심지로서 '나일강의 선물'이라는 말이 의미하듯이, 천혜의 자연 조건 속에서 일찍부터 목축과 농경문화를 발전시켜 왔다. 파라오가 곧 신인 이집트인의 문자는 경제 활동을 위한 실용적인 목적에서 시작된 수메르인의 문자 생활과 달리 종교적 또는 정치적인 목적에서 문자 생활이 시작되었다.

이집트인의 문자는 신성문자, 신관문자, 민용 문자로 나눌 수 있는데, 이는 서체와 사용 계층에 따른 구분이다. 즉 신관이 사용한 신관문자와 일반 민중이 사용한 민용문자는 신성문자를 필기체로 변형시켰을 뿐 문자체계는 동일하다.

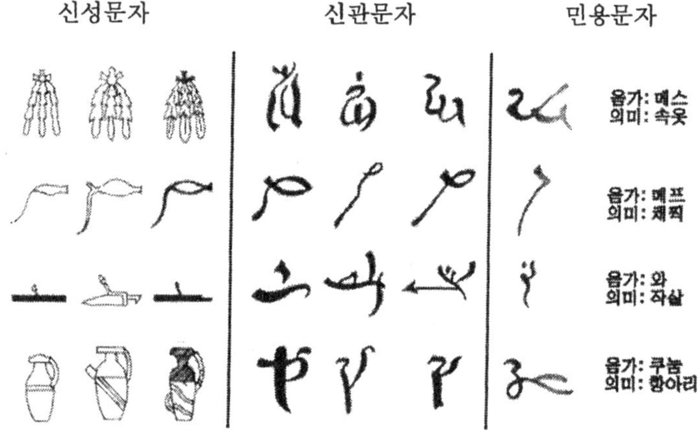

이 가운데 **신성문자**는 주로 신전의 기둥이나 벽면, 오벨리스크 등에 음각하였으며 왕의 기념물이나 종교 서적 등에 사용하였다. 신성문자는 구두점이 없고, 세로와 가로 어느 방향으로나 쓸 수 있는데, 문자를 읽는 방향은 첫 번째 줄의 사람이나 동물의 머리가 향하는 쪽에서부터 시작한다. **신관문자**는 사제와 성직자들이 파피루스나 나무판에 쉽게 기록할 수 있도록 개발한 행서체 문자이고, **민용문자**는 신관문자에 비해 더욱 간소화된 초서체로 일반 평민을 위해 만들었으나 가독성이 떨어져 널리 보편화되지는 못하였다. 처음에 신관문자는 세로로 썼지만, 기

▲ 이집트 표의문자
▼ 이집트 표음문자

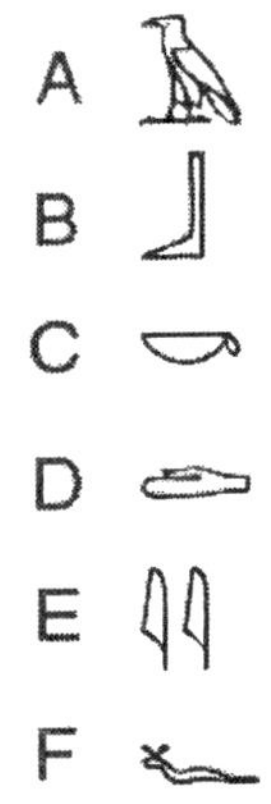

■ 추천 웹사이트
www.iut.univ-paris8.fr/
~rosmord/EgyptienE.html

프랑스 파리 제8대학 *Middle Egyptian* : 중기 이집트 문자에 대한 자세한 설명과 함께 자신의 이름을 이집트 문자로 바꾸어 볼 수 있다.

원전 1900년 경에는 가로쓰기가 나타난다. 이는 기록의 편리에 따른 것으로 보이는데 경우에 따라 약자를 사용하기도 했다.

고대 이집트인의 문자는 기본적으로 **표의문자**인 그림문자에서 발전한 상형문자이지만, 알파벳 단자음에 해당하는 24개의 자음 기호를 가지고 있어 **표음문자**적인 특징도 나타난다. 아울러 모음자가 없기 때문에 많은 동음이의어가 존재하였고, 따라서 음가를 가지지 않지만 의미만을 한정하는 문자 기호가 별도로 존재했다. 문자라기보다 회화라고 할 만큼 조형미가 뛰어난 고대 이집트인의 문자는 각각의 문자를 어떤 색깔로 칠할 것인가까지 정해져 있었던 것으로 보인다.

지금까지 장식문자로만 알려져 있던 고대 이집트 문자를 이해하는데 결정적인 역할을 한 **로제타석** Rosetta Stone은 해독하는데 무려 23년이 걸렸지만, 이집트 상형문자의 해독은 비교적 무난한 편이다. 실례로 프톨레미오스 Ptolemies 12세의 왕비이자, 로마의 장군 시저 Caesar의 애인이었던 클레오파트라 Cleopatra는 다음과 같이 표기된다. 문자 가운데 반복되는 독수리 기호는 a를 나타낸다.

후기 이집트문자는 셈족에 의해 시나이 문자로 계승되어 셈 문자의 기원을 이루며, 후에 그리스 문자의 영향을 받아 알파벳처럼 소수의 표음문자만으로 기록할 수 있게 변형되었는데, 이를 콥트 문자라 한다.

| 참고자료 |

▶ www.indiana.edu/~w505b/hieroglyphics.html
인디애나 대학 Hieroglyphics in Ancient Egypt : 링크사이트를 통해 다양한 이집트 관련 자료를 찾아볼 수 있다.

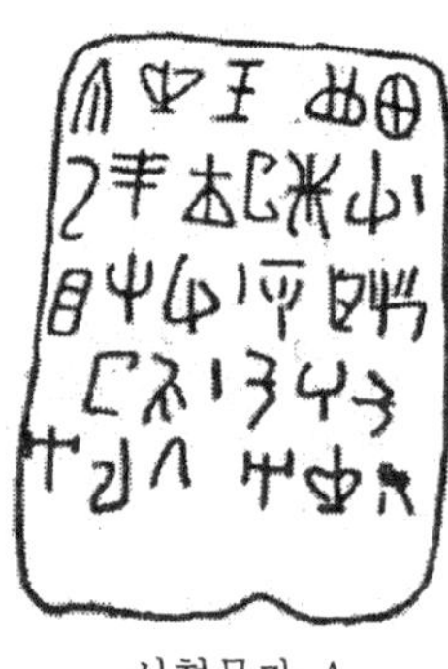

선형문자 A

3) 크레타 Creta 문자

고대 크레타인은 해양 민족으로서 동방 문화권과 해상 교역을 통해 문화를 발전시켜 나갔으며, 그리스보다 앞선 시기에 고도의 청동기 문명을 일으켰다. 크레타인은 일찍부터 상업이 발달한 민족으로서 경제활동을 위한 목적에서 문자를 사용하였는데, 크레타인의 문자는 초기 그림문자 시대를 거쳐 미노아 문명기에는 선형문자 *A*를 사용했고, 미케네인에 의해 정복된 후에는 선형문자 *B*를 사용했다. **선형문자**란 문자의 형태가 직선이나 곡선처럼 선으로 이루어져 있는 문자 형태에 따른 이름이며, *A*와 *B*로 구분하는 것은 그 형태가 시기에 따라 다르게 나타나기 때문이다. 크레타인의 초기 그림문자는 인장 석각판과 점토판의 2가지 형태로 전해지는데, 그 의미는 아직까지 정확하게 해독하지 못하고 있다.

미노아 문자로도 알려져 있는 선형문자 *A*는 그림문자와 선형문자 *B*의 중간 형태로 외견상 그림문자의 흔적이 남아 있지만, 추상적인데다가 그 수가 많지 않음을 고려할 때 음절문자일 가능성이 높다. 선형문자 *B*는 미케네 문명기에 사용된 문서 문자로, 크노소스 궁정서예로도 불린다. 주로 계산서나 물품 목록으로 쓰인 이들 기록은 선형문자 *A*를 그리스어에 결합시켜 만든 문자로 음절문자에 가깝고, 설형문자와 달리 곡선의 형태를 취한다.

선형문자 B

| 참고자료 |

▶ www.utexas.edu/courses/classicalarch/linearb.html
텍사스오스틴대학 Archaeological Studies : 선형문자 B를 비롯하여 다양한 자료를 제시한다.

4) 셈 Sem 문자

　고대 셈 문자는 오늘날 중동 지역을 중심으로 북서부의 가나안 계열(페니키아, 히브리)과 아람 계열, 북동부의 아카드 계열(바빌로니아, 아시리아), 남서부의 아랍, 에티오피아 계열로 나누어진다.

　일반적으로 셈 문자의 기원은 이집트 문자와 크레타 문자에 영향을 받는 **시나이 문자**에서 찾을 수 있는데, 모음이 없는 자음 문자로서 음절문자이면서, 가장 앞선 시기의 알파벳 문자이기도 하다.

　22자의 자음문자로 이루어진 **페니키아 문자**는 해상 민족인 페니키아인의 무역 활동을 중심으로 지중해 연안 지역에 널리 전파되었고, 그리스 본토에까지 전해져 훗날 그리스 알파벳의 모체가 된다. **히브리 문자**는 페니키아 문자에 영향을 받은 이스라엘 민족의 문자로서, 성서 자체의 언어를 가능한 한 정확하게 보존하기 위해 사용되었다. 22자의 자음 문자로 이루어진 고대 히브리 문자는 아람 문자에 영향을 받은 직사각형의 방형 문자이다. 이후 2000년이라는 긴 유랑 민족 생활을 끝내고, 1948년 건국하여 히브리 문자를 다시 되살렸다. 히브리 문자는 오른쪽에서 왼쪽으로 쓴다.

히브리 문자의 변천 과정

■ 추천 웹사이트
phoenicia.org/alphabet.html

S.G. Khalaf 홈페이지 : 페니키아 문자를 컴퓨터에서 사용할 수 있도록 *Mac*, *Windows*용 폰트를 무료로 제공하는 사이트이다.

　　아시아 전역에서 널리 차용된 **아람 문자**는 페니키아 문자에 영향을 받은 22자의 자음문자이다. 후대로 갈수록 획수가 줄고, 각이 진 획을 둥글게 처리하는 경향이 나타 났다. 이렇게 흘림체에 가까운 형태로 바뀌면서 연결글자 도 도입되었다. 아람 문자는 오른쪽에서 왼쪽으로 쓴다.

　　바빌로니아 문자와 아시리아 문자는 수메르 설형문자 에 영향을 받은 문자로 **아카드 문자** 가운데 가장 발전된 음절문자 체계를 갖추었다. 고대 **아랍 문자**는 페니키아 문자의 직계로서 아람 문자의 일종인 나바트 문자에서 발 전된 문자이다.

　　고대 **에티오피아 문자**는 사바 문자에 영향을 받은 문 자로서, 사바 문자가 자음 문자인데 비해 모음 문자가 추 가된 문자이다. 초기 에티오피아 문자는 오른쪽에서 왼쪽 으로 썼지만, 후대로 갈수록 그리스 문자에 영향을 받아 왼쪽에서 오른쪽으로 썼다.

| 참고자료 |

▶www.lib.byu.edu/~imaging/negev/Origins.html
브리감 영 대학교 Proto-Sinaitic Inscriptions : 셈 문자에 대한 다양한 자료를 소개한다.

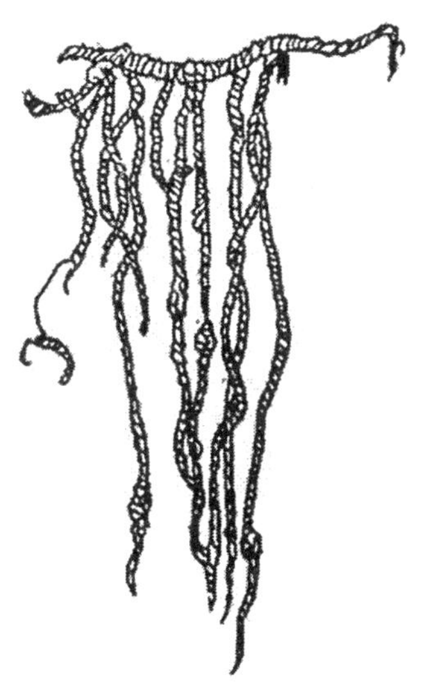

결승문자

5) 페루 Peru 문자

고대 아메리카 대륙의 원주민이었던 잉카의 페루인은 마야인이나 아즈텍인과 달리 발달된 매듭 문화에 기초한 결승문자 체계를 가지고 있었다. 매듭을 이용한 **결승문자**는 사냥 도구의 제작이나 움집 만들기는 물론, 그리스 신화에 나오는 고디아스의 매듭 Gordian knot처럼 주술적인 목적으로 이용되면서 생활 속에서 자연스럽게 발전할 수 있었는데, 페루인은 이를 문자 생활에까지 적극적으로 이용하였다.

이처럼 고대 페루인은 **퀴푸** Quipu라는 결승문자를 사용하여, 기본적으로 수 개념 이외에도 의사를 전달하거나 중요한 내용을 기록하였는데, 매듭의 색깔이나 묶는 방법, 모양 등으로 다양한 의미를 구분하였다. 결승문자는 본 매듭 Main Cord인 굵은 가로줄 하나에 딸린 매듭 Dangle Cord인 가는 세로줄을 여러 개를 연결하여 사용하는데, 하나의 딸린 매듭 중간 부분에 새로운 딸린 매듭을 연결할 수도 있고, 그 길이도 내용에 따라 각기 달랐다. 매듭의 종류는 가장 일반적인 단순 매듭을 비롯하여 4번 돌려 감은 긴 매듭, 8자 모양으로 묶은 8자매듭 등이 이용되었다.

결승문자는 한정적이기는 하지만 추상적인 관념까지 표현할 수 있다. 예컨대 흰 매듭은 평화를, 붉은 매듭은 전쟁을 의미한다. 그뿐만 아니라 매듭의 단단함과 위치로 애정의 확실성까지 표현할 수 있었다. 오늘날에도 페루의 유목민을 비롯하여 세계의 일부 지역에서 여전히 매듭을 이용한 결승문자를 의사소통의 수단으로 이용하고 있다.

| 참고자료 |

▶ infodome.sdsu.edu/research/guides/quipu/whatisit.shtml
샌디애고주립대학 Quipu : 결승문자에 대해 자세히 소개하고 있다.

　　이상에서 살펴본 세계의 문자들을 그 계통에 따라 정리하면 대략 다음과 같다.

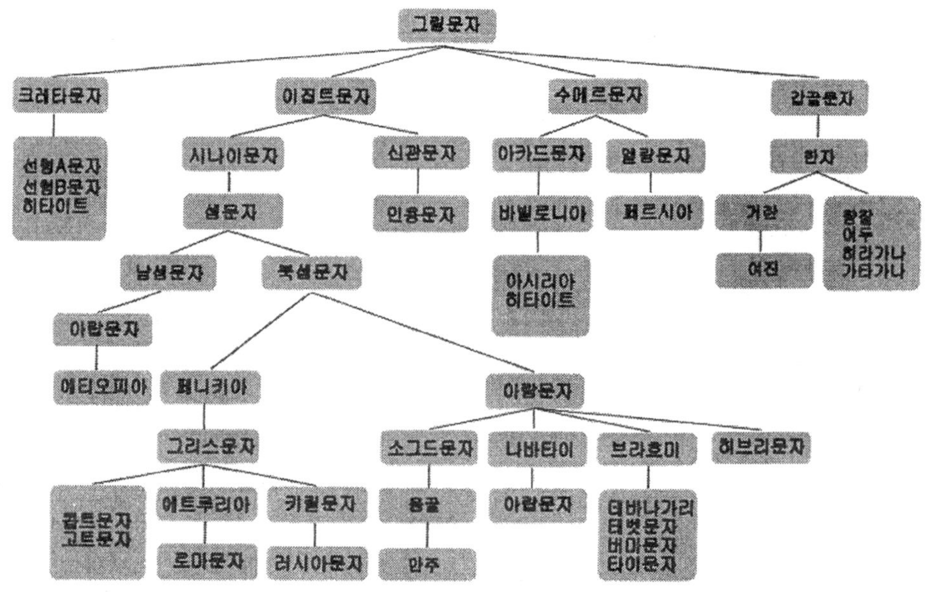

　　그런데 문자의 계통을 세울 때, 한글을 어디에 둘 것이냐 하는 것은 문제가 된다. 크레타 문자를 비롯하여 이집트 문자와 수메르 문자, 갑골문자의 출발점은 어디까지나 그림문자로서 그 영향 관계가 뚜렷하지만, 한글은 그 독자성을 특징으로 하기 때문이다. ■ Graphonomy

| 참고자료 |

1) Albertine Gaur, 강동일 옮김(1995), '문자의 역사', 새날.
2) 세계문자연구회, 김승일 옮김(1997), '세계의 문자', 범우사.
3) G. Sampson, 신상순 옮김(2000), '세계의 문자체계', 한국문화사.
4) Georges Jean, 이종인 옮김(1997), '문자의 역사', 시공사.

제2장 서양의 문자 체계

알파벳

　　모든 문화와 문명의 뿌리에는 반드시 문자가 존재한다. 그런 의미에서 그리스 알파벳은 가장 큰 문명의 뿌리이자, 수많은 민족의 정신적인 사유 체계를 제공한 자양분이다. 또한 문자체계로서 알파벳은 과거와 현재를 잇는 다리이기도 하다. 다리 건너 저편에는 인류의 과거가 있고, 무의미한 흔적에 지나지 않는 알파벳의 나열을 통해 우리는 과거를 읽고 배울 수 있다.

1. 알파벳의 기원

서양의 알파벳은 서양 문명의 뿌리이다.

영어처럼 모음 5자와 자음 21자만으로도 언어생활이 가능한 **표음문자 체계**를 알파벳 문자라고 하고, 그 낱낱의 자모 또는 전체의 집합을 알파벳이라고 한다. 알파벳 문자는 중국인의 언어생활이 4,000자 이상의 문자를 필요로 하는 것에 비하면 매우 경제적인 문자 체계라고 할 수 있다. 그리스 문자를 비롯하여 라틴 문자인 로마 문자, 고트 문자, 콥트 문자, 룬 문자, 슬라브 계열의 키릴 문자인 러시아 문자 및 이들 계통의 문자가 모두 알파벳 문자에 속한다.

고대 이집트 문자와 크레타 문자의 영향을 받은 시나이 문자에서 시작하여, 페니키아 문자로 이어지는 알파벳 문자의 기원은 기원전 8세기 페니키아 문자가 그리스 본토로 전해지면서부터 시작된다. 당시 그리스인은 페니키아 문자를 차용하기 이전에 이미 키프로스 문자와 선형 B 문자를 차용하고 있었으나, 이들 문자가 음절문자이기 때문에 그리스어 실정에 맞지 않아 일부 지역에서만 한시적으로 사용되고 있었다. 모음이 없는 페니키아 자음 문자 역시 모음과 자음이 동등하게 취급되는 그리스어에는 적합하지 않는 문자 체계였다. 그런데 시간이 흐르면서 페니키아 자음 가운데 그리스어에 대응하는 음가 없는 기호를 모음 표기에 사용하는 방법으로 페니키아 문자를 수정하여 새로운 문자 체계를 확립할 수 있었다. 이것이 바로 오늘날 알파벳 문자의 시초이다.

그 이후로도 그리스 각 지방에서 본래부터 사용하고 있던 방언에 맞추어 알파벳의 변종이 나타났다. 이를 계기로 이오니아 알파벳을 강제적으로 사용하도록 하는 법령이 제정되었고, 비로소 통일된 문자 체계가 확립되었다. 그리스 알파벳은 처음 셈 문자와 같이 오른쪽에서 왼쪽으로 기록하였으나, 소가 모퉁이를 돌아오는 식으로 오른쪽에서 왼쪽으로 쓰고, 다시 왼쪽에서 오른쪽으로 쓰는 좌우교호서법이 도입되었다. 그러다가 기원전 5세기경부터는 오늘날과 같이 왼쪽에서 오른쪽으로 쓰는 방법이 일반화되었다.

그 후 그리스 문자는 이탈리아 반도의 에투리아인을 거쳐 로마인에게 전해져 라틴 계열의 언어를 표기하는 문자의 모체가 된다. 이 로마 알파벳은 로마 제국의 힘과 카톨릭 교회의 세력 확장과 함께 전세계적으로 그 영향력을 넓혀 갔는데, 전 유럽은 물론 동양의 터키, 말레이, 베트남 등에서도 이를 차용하였다.

알파벳은 두음법 acrophony에 의해 문자의 첫소리를 해당 문자의 음가로 삼는다. 예를 들면 페니키아어의 *aleph*에서 *A*가 만들어지고, *beth*에서 *B*가 만들어진다. *alphabet*이라는 말도 *a*와 *β*를 합성하여 만든 말이다. 알파벳 문자의 배열 순서는 입술에서 목구멍으로, 혀 앞에서 목구멍 안쪽으로 정렬하고, 모음도 이러한 원칙을 따르되 개모음에서 폐모음 순으로 정리한 것이다. 가장 경제적인 문자이며, 세계에서 가장 널리 사용되는 문자인 알파벳은 원래 상형문자 단계를 거쳐서 형성되었다. 알파벳 문자의 발명은 당시 사용되던 수백개의 기호를 단지 20~30개의 기호로 대체했다는 점에서 언어의 역사에서 획기적인 하나의 사건이었다.

알파벳 *A*는 소의 머리 내지 가축을 의미하며, 그리스어로 *Aleph*이다. 원래 페니키아 알파벳에서는 자음이었지

알파벳의 발달과정

만, 그리스인은 이것을 모음으로 전용했다.

알파벳 *B*는 *Beth*로 집을 의미한다. 그리스인은 페니키아의 알파벳을 좌서(左書)로 바꾸고 자형을 거꾸로 뒤집어 사용했다.

알파벳 *C*는 *Gamma*로 모퉁이를 의미한다. 로마자 *G*는 *C*에 횡선을 그어 만들었으며, *C*로 [K]음을 나타내고, *G*로 [g]음을 나타내었다. 즉 소리의 차이를 구별하기 위해 가획을 한 것이다. 알파벳 *C*는 페니키아와 그리스 문자에서 다양한 이체자가 발견된다.

알파벳 *C*의 다양한 이체자

알파벳 *D*는 *Deleth*로 문짝을 의미한다. 로마인은 그리스의 알파벳 △ 모양을 ◠ 모양으로 고친 다음, 시계방향으로 90° 회전하여 표기하였다.

알파벳 *E*는 *Epsilon*으로 즐거움을 의미한다. 원래 페니키아 알파벳에서 자음이었지만 그리스인은 이것을 모음으로 전용했다.

알파벳 *F*는 *Ypsilon*으로 곤봉을 의미한다. 로마자 *F*, *Y*, *U*, *V*는 그리스 문자에서 조금씩 변형된 것으로 중세에 이르러 *V*는 자음이 되고, *U*는 모음이 되었다. *W*는 *V*를 병서한 것으로, 현대 영어로 [dʌbliu:]라고 발음하는 것은 잘못된 것이다. 이에 비해 현대 프랑스어로 *W*는 [dubleve]로 발음하는데 이는 두 개의 *V*라는 의미이다.

알파벳 *H*는 *Eta*로 실타래 또는 담장을 의미한다. [h]음은 불완전음으로 프랑스어에서는 사용되지 않는다.

알파벳 *I*는 *Iota*로 손을 의미한다. 로마자 *J*는 *I*에 부드러운 선을 가획하여 만들었다.

알파벳의 발달과정

알파벳 *K*는 *Kaph*로 손바닥 또는 파피루스의 잎을 의미한다.

알파벳 *L*은 *Lambda*로 올가미 또는 왕의 지팡이를 의미한다. 그리스 문자로 *C*와 유사하다.

알파벳 *M*은 *My*로 물을 의미한다.

알파벳 *N*은 *Ny*로 뱀을 의미한다.

알파벳 *O*는 *Omikron*으로 눈을 의미한다. 이오니아 지방에서는 장모음을 표기하기 위해 *O*의 아랫부분을 잘라 벌린 듯한 모양의 오메가를 만들었다.

알파벳 *P*는 *Pi*로 입을 의미한다.

알파벳 *Q*는 *Koppa*로 묶은 새끼줄을 의미한다.

알파벳 *R*은 *Rho*로 머리를 의미한다. 그리스인은 페니키아 알파벳을 뒤집어 사용했고, 로마인은 *P*와 구분하기 위해 꼬리를 덧붙였다.

알파벳 *S*는 *Sigma*로 언덕이 많은 땅을 의미한다. 그리스인은 페니키아 알파벳을 시계 방향으로 90° 회전하여 사용하였다.

알파벳 *T*는 *Tau*로 십자가를 의미한다. 그리스인은 페니키아 알파벳의 윗 선을 지워 사용하였다.

알파벳 *X*는 *Khi*로 물고기를 의미한다.

알파벳 *Z*는 *Zeta*로 무기의 일종을 의미한다.

이외에 *Φ*와 *Ψ*는 그리스에서 새로 만든 알파벳 문자로 로마자에서는 찾아볼 수 없다.

　　상형문자를 거쳐 발전한 알파벳 문자는 이처럼 주변에서 쉽게 찾아볼 수 있는 사물이나 인간의 신체 부위를 상형하여 만들어졌는데, 처음에는 그 지시 대상을 그대로 나타내는 표의문자였으나, 차츰 문자생활이 실용화되면서 표음 문자화되었다. ■ Graphonomy

| 참고자료 |

1) 김방한(1992), ‘언어학의 이해’, 민음사.
2) 세계문자연구회, 김승일 옮김(1996), ‘세계의 문자’, 범우사.

2. 알파벳의 글자꼴

글자꼴에는 글자를 사용하는 사람들의 심성이 담긴다.

■ 외형적으로 그리스 알파벳과 로마 알파벳은 별 차이가 없어 보이지만, 거친 파피루스에서 부드러운 양피지로 기록매체가 바뀜에 따라 로마 알파벳이 전체적으로 부드러운 느낌을 갖게 된다.

▲ 문헌에 남아있는
앙샬체(위)와 캐롤링체(아래)

▲ 컴퓨터 글자꼴로 복원된
캐롤링체(위)와 프랙처체(아래)

알파벳의 글자꼴 font은 로마 제국의 붕괴를 전후하여 유럽의 각 지역에서 일어난 민족주의적인 글자꼴 개발의 영향으로 한층 다양화되었다. 이전까지의 글자꼴은 가로선이 굵고 세로선이 가늘었는데, 양피지의 보급과 함께 **앙샬 Uncial체**와 같이 전체적으로 둥근 느낌이 들면서 가로선이 가늘고 세로선이 굵은 글자꼴이 등장하면서부터 글자꼴의 변화가 시작되었다. 특히 이탈리아에서 등장한 앙샬체는 아일랜드와 영국으로 전파되어, 아이리쉬 앙샬체와 라틴 앙샬체의 개발을 부추겼다. 이탈리아의 롬바르드 Lombard체, 프랑크 왕국의 메로빙거 Merovinger체, **캐롤링 Caroling체**, 영국의 윈체스터 Winchester체는 이 시기에 개발된 새로운 글자꼴이다. 이 가운데 캐롤링체는 영국 글자꼴에 대적하기 위해 의도적으로 개발되었는데 유럽 전역에 퍼져 나갔고, 대륙에서 멀리 떨어진 아일랜드를 제외한 거의 모든 지역에서 기존의 글자꼴을 대체하였다.

이후 필사(筆寫)의 활동이 수도원을 떠나 일반인에게까지 확대되고, 단단한 재질의 거위깃털 펜이 등장하면서 캐롤링체는 이탈리아에서 등장한 고딕 Gothic체에 의해 대체되었다. 세로선이 굵고 예리한 고딕체는 전 유럽에 퍼져 나갔으며, 한때 독일에서는 히틀러 A. Hitler에 의해 사용이 금지되기도 했으나, 장식적인 글자꼴로 더욱 발전하게 된다. 16세기 이후에는 이른바 거북 문자라고 불리는 **프랙처 Fractur체**가 등장하였고, 20세기 들어 합리주의가 강조됨에 따라 글자의 윤곽을 보다 단순화시킨 **산세리프 SansSerif체**가 새로운 고딕체로 등장하였다.

sanserif

italic

▲ 산세리프체(위)와
이탤릭체(아래)

ampluudinis

Baskerville

▲ 휴머니스트체(위)와
바스커빌체(아래)

이탈리아에서는 고딕체에 뒤이어 필사체 소문자인 앤틱 Antique체가 탄생했는데, 이 글자꼴은 고대 로마 시대의 글자꼴로 돌아가고자 하는 복고풍의 의미를 담고 있어, **휴머니스트체**라고도 불렸다. 휴머니스트체는 현재 쓰고 있는 이탤릭체의 원형이 되는 베네치아 Venezia체와 로만 Roman체로 발전했다. 로만체의 등장으로 프랙처제가 쇠퇴하였고, 로만체가 이를 대체하였다. 이 시기에 영국에서 책 내용의 어느 한 부분을 강조하거나 차별화하기 위한 목적으로 이탤릭체를 사용하였는데, 이는 독일과 히브리에서 강조할 내용의 앞뒤 공간을 비어두고 편집한 것에 비하면 훨씬 진보된 방법으로 평가된다.

알파벳 글자꼴은 로만체를 중심으로 이탤릭체, 스크립체, 이집시안체, 산세리프체 등으로 나누어진다. 스크립체는 필기체이고, 이집시안체는 자획의 가늘고 굵음을 강조하지 않은 일정한 글자꼴이다. 오늘날 알파벳의 글자꼴은 헤아릴 수 없을 정도로 많다. 글자꼴의 가치가 점차 중요시되면서 계속해서 새로운 글자꼴이 개발되고 있다. 우리에게 잘 알려진 촘스키 N. Chomsky(1965)의 '*Aspects of the Theory of Syntax*'와 1976년까지의 '*Linguistics Inquiry*'에는 바스커빌 Baskerville체가 사용되었는데, 이 체는 기존의 장식적 요소를 없앤 참신한 글자꼴로서 옛 로만체와 현대 로만체 중간에 위치한 과도기 로만체의 대표적인 서체이다. ■ Graphonomy

| 참고자료 |

1) 세계문자연구회, 김승일 옮김(1996), '세계의 문자' 범우사.

제3장 중국의 문자 체계

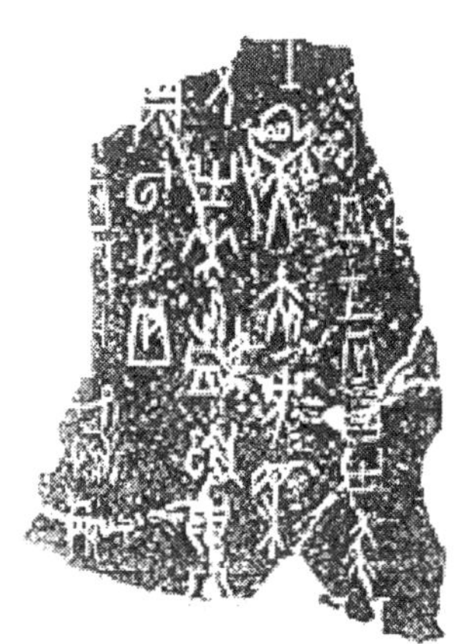

갑골문자

　　지금으로부터 약 3,000년 전에 쓰여진 중국인의 갑골문자는, 인명이나 지명과 같은 일부 고유 명사를 제외하고는 대부분 해독이 되었다. 1928년 이후 본격적인 발굴이 시작된 것에 비하면 비교적 짧은 시간 내에 이루어낸 성과이다. 고대 문자 해독의 역사에서 보면 이것은 대단히 이례적인 일이라 할 수 있다. 한자의 문자 체계가 수 천 년 동안 크게 변하지 않았기 때문에 가능한 일이었다.

1. 한자의 기원

한자는 살아있는 문자의 화석이다.

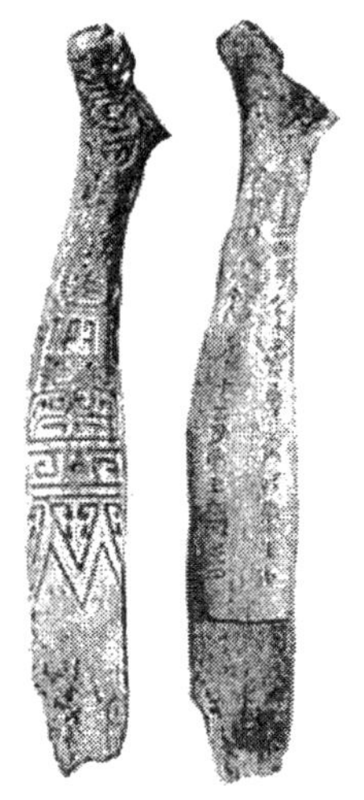

갑골문자

    황하 유역을 중심으로 농경문화를 발전시켜 온 고대 중국인은 청동기를 사용한 상왕조(商王朝)에 이르러 한자의 초기 형태인 **갑골문자**를 본격적으로 사용하기 시작했다. 현재까지 발굴된 갑골문자 가운데 가장 초기의 것은 대략 기원전 1400년대의 것으로, 그 기록을 보면 상형(象形)자 이외에 지사(指事)자나 회의(會意)자가 섞여 있어, 실제 갑골문자의 기원은 이보다 앞설 것으로 추정된다.

    한편, 중국의 몇몇 문헌은 갑골문자보다 앞선 시기에 사용된 팔괘(八卦), 결승(結繩), 서계(書契)와 같은 원시적인 문자 형태에 대해서 언급하고 있다. 중국 고대 문자 성인(聖人)창조설에 근거한 이 이론은 기원전 3000년경 삼황(三皇) 중의 하나인 복희씨(伏羲氏)가 결승을 대신하여 팔괘를 긋고 서계를 만들었다고 전한다.

上古結繩而治, 後世聖人易之以書契. <易 繫辭>
中國沒有文字前的記事, 算術就是 結繩記事 雕木算術. <書經>
伏羲氏造書契, 以代結繩之政. <史記 三皇本紀>
伏羲氏之王天下也, 始畵八卦, 造書契, 以代結繩之政. <尙書 序>

    이와 관련하여 후한의 학자인 허신(許愼)은 당대 한자의 자형(字形)과 자의(字義)를 밝혀 적은 '설문해자(說文解字)'에서 중국 문자의 기원 및 발전 과정을 '주역'의 계사전(繫辭傳)에 근거하여 팔괘설, 결승설, 창힐설 등으로 설명하고 있다. 허신의 이론에 **따르면** 팔괘는 주역에서 역(易)을 구성하는 64괘의 기본이 되는 8개의 도형으로 복희씨가 만들었으며, 숫자를 나타내는 문자와 관련 있다.

■ "蒼頡造字 夜有鬼哭."이라는 말이 있다. 여기에서 창힐은 4개의 눈을 가진 전설속의 인물이다. 그런데 왜 하필 그 옛날 중국인은 문자와 귀신을 연결지어 함께 생각하고, 창힐을 인간이 아닌 신으로 이야기를 만들었을까? 여기에서 우리는 문자를 문화적인 산물로 인식했던 중국인의 문자관을 엿볼 수 있다.

	八	七	六	五	四	三	二	一	卦順	伏羲
	坤	艮	坎	巽	震	離	兌	乾	八卦	三變
四象	太陰		小陽		小陰		太陽		四象	二變
陰陽		陰				陽			陰陽	一變

또한 옛날 중국에 문자가 없었던 시절, 매듭을 묶는 결승으로 의사를 전달하였는데, 중요하거나 큰일에는 매듭을 크게 묶었고, 중요하지 않거나 작은 일에는 매듭을 작게 묶어 사용했다. 이 같은 결승을 상형문자로 대체한 이가 중국에서 제자선사(制字先師)로 불리는 창힐(蒼頡)이다. 창힐은 황제(黃帝) 시대의 사관(史官)으로서 항상 자연을 주의 깊게 관찰했는데, 심지어 새나 짐승의 발자국조차 눈여겨보았다고 한다.

허신의 이론은 문자발달사적인 관점에서 보았을 때 부분적으로 설득력을 가지지만, 논증 과정에서 역사적인 근거가 부족하다. 따라서 설문해자설에 입각한 한자의 기원론은 근거의 객관성이 부족하고, 갑골문자설 또한 기록된 형태로 보아 상형자 이후에 등장한 지사자와 회의자가 발견되고 있어 한자의 기원을 설명하는데 한계가 있다.

최근에는 반파(半坡), 이리두(二里頭) 등 몇군데 유적에서 발견되는 도기(陶器)나 도편(陶片)에 많은 관심이 모아지고 있다. 갑골문자보다 앞선 시기의 유물인 이들 도자기류의 표면에는 조각되거나 채색된 기호들이 발견되고 있는데, 이를 한자의 기원으로 보는 것이다. 이 가운데 서안(西安)의 반파는 가장 앞선 시기의 유적발굴지로, 여기에서 발굴된 붉은 색 채도(彩陶)의 파편(破片)에는 문자처럼 보이는 기하학적인 형태의 기호가 발견된다. 그런데 이들 기호는 상형자 보다는 지사자에 가까운 형태를 보이고 있다. 이를 근거로 곽말약(郭沫若)은 지사문자 기원설을 주장하고 있다. 즉 지사자가 한자의 초기 형태라는 것이다.

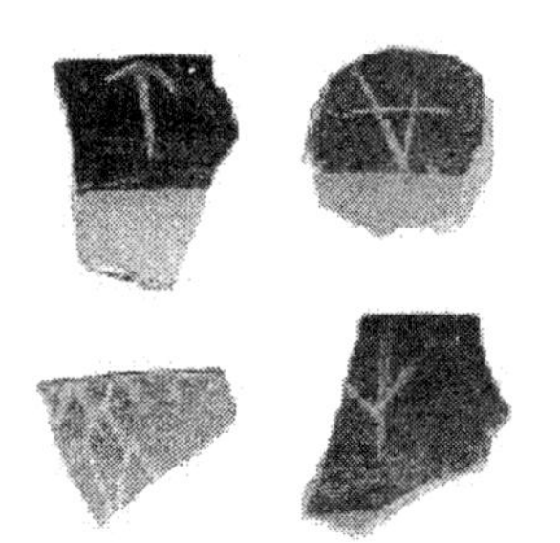

서안의 반파 출토 토기 파편

　　이상에서 살펴본 바와 같이 한자의 기원은 현재까지 갑골문자설을 중심으로 설문해자설과 도편문자설 등에 의해 설명되고 있을 뿐 뚜렷한 기원에 대해서는 알 수 없다.

■ Graphonomy

| 참고자료 |

1) 권정안(1992), <漢子의 起源에 관한 一考察>, 언어연구 창간호,
　　　　　공주대 어학연구소.

▶ www.lib.cuhk.edu.hk/uclib/bones/bones.htm
홍콩중문대학 갑골문 사이트 : 갑골문에 대한 수많은 사진을 제공한다.
▶ ceiba.cc.ntu.edu.tw/Character-Lecture/ch1.html
대만대학 徐富昌 교수 문자학 강의노트 : 일반 문자학적 관점에서 문자학 전반에 대한 강의내용이 소개되어 있다.

2. 한자의 구조

한자에는 形·音·義가 들어있다.

龍龍
龍龍

수다스러울 절

중국인은 문자를 형태(形)와 음성(音), 의미(義)의 결합으로 보고, 이 가운데 형태를 연구하는 분야는 문자학(文字學), 음성을 연구하는 분야는 성운학(聲韻學), 의미를 연구하는 분야는 훈고학(訓詁學)으로 구분한다.

상형문자이자 표의문자인 중국어는 글자 하나가 한 음절이면서 한 단어인 **단어문자**(單語文字)이다. 따라서 중국에서는 일찍부터 문자학이 발달했는데, 특히 한대(漢代)의 학자들은 소전(小篆)의 결합 유형을 분석하여, 한자의 구조를 6가지로 분류하였다. 이를 **육서**(六書)라 하는데, 그 명칭과 배열순서는 학자에 따라 조금씩 다르다. 허신(許愼)은 '설문해자'에서 상형(象形), 지사(指事), 회의(會意), 형성(形聲), 가차(假借), 전주(轉注)라 했고, 반고(班固)는 '한서'에서 상형, 상사(象事), 상의(象意), 상성(象聲), 전주, 가차라 했다. 이외에도 다른 많은 설이 있지만, 대체로 명칭은 허신을 따르고, 차례는 반고를 따른다.

또한 문자를 문(文)과 자(字)로 나누어, 사람의 몸무늬를 뜻하는 **문(文)**은 기본적인 문자 기호이고, 집(宀) 안에 있는 아들(子)을 뜻하는 **자(字)**는 기본자를 결합하여 만든 복합적인 문자 기호라고 설명한다. 이러한 생각은 육서의 원리에도 그대로 적용된다. 즉, 조자(造字)의 원리를 따르는 문(文)은 독체자(獨體字)인 상형자와 지사자, 합체자(合體字)인 회의자와 형성자에서 나타나고, 운용(運用)의 원리를 따르는 자(字)는 전주자와 가차자에서 나타난다.

鹿

  육서의 가장 기본적인 형태인 **상형**은 그린(象) 형상(形)을 의미한다. 즉 상형자는 생활 주변에서 흔히 볼 수 있는 것의 모양이나 특징을 본뜬 것으로, 객관적이고 구체적이며 뜻의 범위가 좁다. 상형에는 원래 모양 그대로 본떠 만든 기본상형과, 원래 모양에 다른 모양을 더하거나 빼서 만든 변형상형으로 나눌 수 있다.

> ① 기본상형(基本象形) : 日, 月, 水 …
> ② 변형상형(變形象形) : 鳥 → 烏
> 　　　　　　　　　　　 女 → 母 …

  상형과 함께 한자의 가장 초기 형태인 **지사**는 어떤 일(事)을 가리킨다(指)는 의미이다. 지사자는 추상적인 개념을 표시하는 기호로, 주관적이고 추상적이며 뜻의 범위가 넓다. 지사는 일반적인 형태의 기본지사와 상형자에 표현하고자 하는 의미를 더하여 만든 결합지사로 나눌 수 있다. 상형자가 물질명사라면 지사자는 추상명사 또는 형용사에 해당한다.

> ① 기본지사(基本指事) : 一, 上, 下 …
> ② 결합지사(結合指事) : 木 → 本
> 　　　　　　　　　　　 木 → 末 …

  상형과 지사는 단일형태소로 이루어져 있는 가장 기본적인 글자로, 그 수가 많지 않다. 상형과 지사자는 대부분 부수(部首)자이다.

  회의는 뜻(意)을 모은다(會)는 의미를 가지며, 두 개 이상의 상형자나 지사자의 뜻을 결합하여, 새로운 뜻의 글자를 만들어내는 방식이다. 회의자는 같은 글자끼리 결합한 동체회의와 다른 글자끼리 결합한 이체회의가 있고, 글자의 획이 줄거나 변하여 결합한 변체회의와 결합한 글자 가운데 하나가 뜻과 음을 모두 가지고 있는 겸성회의가 있다.

> ① 동체회의(同體會意) : 女 + 女 + 女 → 姦 …
> ② 이체회의(異體會意) : 人 + 木 → 休 …

③ 변체회의(變體會意) : 老 + 子 → 孝 ...
④ 겸성회의(兼聲會意) : 人 + 士 → 仕 ...

형성은 이미 있는 두개의 글자를 모아서 하나의 글자로 만들되, 뜻을 나타내는 형(形)과 음을 나타내는 성(聲)이 하나로 결합하는 방식이다. 약 80~90%에 달하는 대부분의 한자가 형성에 의해 만들어졌다. 일반적으로 형성의 뜻 부분이 부수가 된다.

회의와 형성의 원리는 상형과 지사가 갖는 폐쇄성을 극복하여, 한자를 확장시킨 획기적인 원리로 평가된다. 형성자는 형부와 성부의 위치에 따라서 다음과 같이 세분할 수 있다.

① 동일형부(同一形部) : 木 + 才 → 材 ...
② 동일성부(同一聲部) : 工 + 水 → 江 ...
③ 좌형우성(左形右聲) : 水 + 州 → 洲 ...
④ 우형좌성(右形左聲) : 人 + 言 → 信 ...
⑤ 상형하성(上形下聲) : 子 + 皿 → 孟 ...
⑥ 상성하형(上聲下形) : 相 + 心 → 想 ...
⑦ 외형내성(外形內聲) : 囗 + 韋 → 圍 ...
⑧ 외성내형(外聲內形) : 門 + 耳 → 聞 ...

전주는 수레바퀴가 구르고(轉) 물이 흐르듯이(注) 기존의 글자를 빌려쓰는 방식을 의미한다. 기존의 글자를 빌려 쓰기 위해서는 소리나 뜻이 같고, 부수가 같아야 한다. 따라서 전주는 새로운 글자를 만드는 원리가 아니라, 기존의 글자를 활용하는 원리이다.

① 의미유사 : 악할 악(惡) → 미워할 오(惡) ...
② 소리유사 : 아니 부(否) → 아니 불(不)
            길 도(道) → 도리 도(道)
            늙을 노(老) → 고려할 고(考)

가차는 거짓(假)으로 빌린다(借)는 의미이다. 즉 원래 문자가 없는 것을 기본적으로 다른 문자의 뜻과 관계없이 소리와 의미, 형태를 빌어 외국어나 의성어, 의태어 등을 표기하는데 사용한다.

① 소리빌림 : 당당하다 → 堂堂하다 ...
　　　　　　　France → 불란서(佛蘭西) ...
② 의미빌림 : 길다(長) → 관리(長) ...
③ 형태빌림 : 아니다(弗) → 달러(弗) ...

전주와 가차의 원리는 한자의 발전 과정에서 커다란 역할을 담당했다. 지나치게 많아지는 뜻 글자의 문제점을 해결해 주었기 때문이다. 그러나 전주와 가차의 원리는 하나의 글자에 너무 많은 뜻을 지니게 되는 문제점도 있다. ■ Graphonomy

| 참고자료 |

1) 김동진(1992), <설문해자 서 전역>, 언어연구 창간호, 공주대 어학연구소.
2) 龍宇純·양동숙 옮김(1987), '중국문자학', 학연사.
3) 이가원(1987), '한문신강', 신구문화사.

3. 한자의 글자꼴

한자에는 사람 사는 모습이 담겨있다.

갑골문
"七日己巳夕口业新大星並火"

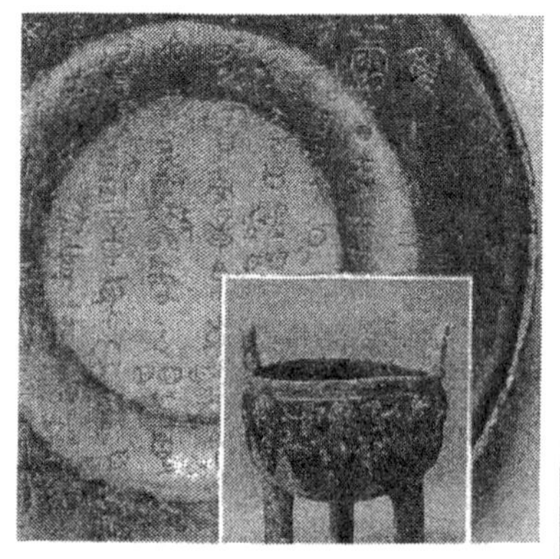

금문 / 종정문(鐘鼎文)

갑골문(甲骨文)

갑골문은 거북의 껍질이나 짐승의 뼈에 새겨진 문자 형태를 가리키는 말로서, 귀갑수골(龜甲獸骨)문이라고도 한다. 또한 은나라의 옛 터에서 발견되었기 때문에 은허(殷墟) 문자라고도 하며, 주술적인 목적에 사용하여 복사(卜辭), 칼로 새긴 문자란 뜻의 계문(契文) 등으로 불린다. 갑골문은 중국 역사 시대 최초의 왕조인 은나라의 문자로서, 한자의 기원을 기원전 1400년대 이전으로 끌어올린 고고학적 유물이기도 하다.

갑골문은 문자의 배열이 자유롭고, 예리한 칼로 새겨 넣었기 때문에 필획이 단순하며, 가늘고 길다. 비교적 직선의 형태를 취하는 갑골문은 획의 생략이 많고, 그림문자보다 추상적이다.

금문(金文)

금문은 청동기를 주조할 때 주물틀에 새겨 넣은 문자 형태를 가리키는 말로, 종정문(鐘鼎文)이라고도 한다. 금문은 은나라에서 시작하여 주나라를 거쳐 춘추전국시대까지 약 1200년에 걸쳐 사용된 문자로서, 이체자(異體字)

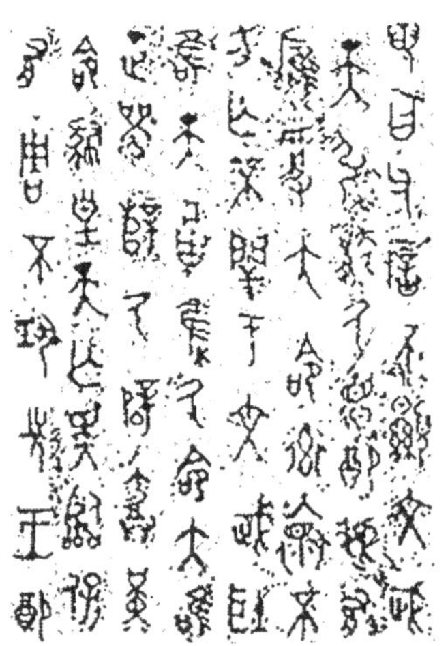

금문 / 산씨반(散氏盤)

대전

가 많다. 또한 청동기를 주조할 때 주물틀에 새긴 글자이기 때문에, 글자의 크기가 크고 굵다. 갑골문에 비해 선이 단순하며, 회화적 요소로부터 탈피하였다. 이때부터 합체자(合體字)가 등장하기 시작한다.

은의 금문은 그 수가 많지 않지만, 대체로 크고 굵다. 아울러 각 씨족의 직업을 문양화한 것으로 보이는 특이한 형태의 기호도 사용되고 있다. 주의 금문에서는 비교적 자획이 고정된 균형미를 찾아볼 수 있다. 아울러 산씨반(散氏盤)이라는 독특한 문자체도 보인다. 동주 시대에는 각 지방에 따라 형태가 다른 다양한 이체자가 사용되기도 했다.

대전(大篆)

대전은 정확하게 그 실체가 밝혀지지 않은 문자 형태로서 주문(籀文)과 동일한 진나라 초기의 문자인 것으로 알려져 있다. 주문은 주나라 선왕(宣王) 때 태사 주(籀)라는 사관이 만든 글자이다. 대전은 원래 주문으로 통용되었으나 소전이 생긴 이후 이를 소전과 구분하기 위해 사용했다.

통일왕국의 진시황이 승상이었던 이사(李斯)를 통해 당시 육국(六國)에서 사용하던 이형(異形)의 문자들을 모조리 폐지하고, 문자를 개량해서 소전을 만들었다는 기록이 이를 뒷받침해 준다.

고문(古文)

고문은 전국시대에 진과 자웅을 겨루던 전국칠웅 중 진을 제외한 나머지 여섯 나라의 문자 형태를 가리킨다. 고문이라는 명칭은 전한(前漢)의 경제(景帝)때 노공왕이 궁궐을 확장하기 위해 공자의 구택(舊宅)을 허물다가 벽 속에서 '논어', '효경'등 수십 편의 경전을 발견하고, 이를 고문이라 하여 유래된 이름이다. 그러나 이들 책은 진시황의 분서령을 피해 감추어 놓은 것으로 은닉

소전

할 당시 통용되던 육국문자로 씌여져 있었는데, 이를 상고 시대의 고문체로 오인했던 것이다. 따라서 고문은 한(韓), 위(魏), 조(趙), 제(齊), 초(楚), 연(燕)에서 사용하던 소위 이형문자라는 의미로 육국문자 또는 전국(全國)문자로도 불린다.

소전(小篆)

소전은 진시황의 문자 개혁에 따른 통일 문자이자, 진나라의 공식적인 문자체로서, 진전(秦篆) 또는 전서(篆書)로 불리는 중국 최초의 규범 문자체이다. 후한의 허신이 지은 '설문해자'에 표제자로 9000자 이상 실려 전하는 전서체는 상형의 회화적 성격에서 벗어나 상당히 발전된 문자 형태를 보이고 있다.

전서체는 규칙적인 자형의 일치로 인해 필획이 엄격하게 느껴지는 반면, 획이 꺾여지는 부분을 둥글게 처리함으로써 부드러움이 강조되어 있다. 그러나 쉽고 빠르게 기록하기 위한 실용성이 부족하여 기록하는 데 많은 시간이 필요하다. 소전의 사용 시기는 길지 않았다.

예서(隷書)

예서는 노예 출신인 정막(程邈)이 만들었다는 설과 서리인 예인(隷人)들 사이에 통용되던 글자체라는 설을 근거로 만들어진 명칭이다. 또한 소전에 대한 보조 서체라는 의미에서 좌서(佐書)라고 했고, 후한말에 형성되기 시작하여 한예(漢隷) 또는 고예(古隷)로도 불린다.

소전의 뒤를 이어 한나라의 공식적인 문자체로 인정된 예서는 진나라의 군현제 실시와 행정상의 편의를 목적으로 만들어졌다.

예서

예서는 실용성이 중시되어 보다 빠르고 쉽게 문자를 쓰기 위해 고안된 것으로, 현대 한자의 출발점으로 평가되고 있다. 예서체는 상형적인 요소가 사라지고 필획도 간략화 되었으며, 글자 모양은 네모꼴로 단정하게 변했다.

해서(楷書)

위진(魏晉) 이래로 오늘날까지 사용되고 있는 해서는 본보기로 삼을 만한 서체라는 의미에서 진서(眞書) 또는 정서(正書)라고 불린다. 문자발달사적인 관점에서 보았을 때, 예서를 거쳐 해서, 행서, 초서로 발전해 가는 것이 일반적으로 보이지만, 그 발생 순서는 초서가 가장 일찍 전한시대에 나타났고, 해서는 후한 말기에 나타났으며, 행서가 가장 뒤늦게 나타난 글자체이다.

따라서 해서는 후한 말 예서와 초서의 기초 위에서 형성된 글자체로서, 행서와의 관계에서 발전하였으며, 활자체의 대표격이다. 해서체가 정착되기에 앞서 예서에서 발전한 형태의 팔분(八分)체가 있었는데, 장식미를 더한 이 체는 예서와 해서의 과도기 서체로 볼 수 있다.

행서(行書)

행서는 해서와 초서의 과도기 서체로 단순성과 편리성을 최대한 고려한 문체이다. 행서는 규격체로 인해 비능률적인 해서의 단점과 지나친 간략화로 난해한 초서의 단점을 보완하고자 생겨난 서체로서, 해서와 더불어 현대까지 광범위하게 통용되어 오는 서체이다.

알아보기 힘들 정도인 초서체에 비해 자연스럽게 흘러가는 글자들의 모양에서 다양성과 변화의 아름다움까지

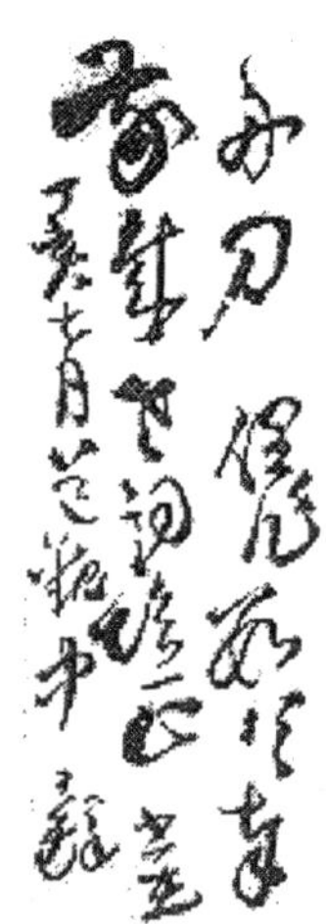

초서

느껴지는 행서체는 가장 서민적인 체라 할 수 있을 것이다. 해서가 획을 정성들여 헛된 부분이 나타나지 않게 쓰는 감추는 방식인 장봉(藏鋒)의 필체라면 행서는 획의 연결선을 자연스럽게 드러내는 방식인 노봉(露鋒)의 필체라 한다.

초서(草書)

한대에 등장한 흘림체 초서는 순수한 필기서체로 행서와 해서보다 먼저 형성되어 장초(章草), 금초(今草), 광초(狂草)로 다양화된다.

장초는 예서의 느낌이 남아 있는 덜흘림체로 글자와 글자 사이도 연이어 쓰지 않고 띄어 쓰며 필획의 생략이나 변화도 가능할 수 있다. 금초는 한말의 서예가 장지 또는 동진의 왕희지로부터 시작되어 전해오는 흘림체로 장초보다 부드럽고 운치 있게 변모된 초서체이다. 광초는 전혀 알아볼 수 없이 미친 듯이 흘려 쓴 흘림체로 이 광초부터는 완전히 문자로서의 실용성을 떠나 예술의 대상으로 변하였다. ■ Graphonomy

| 참고자료 |

1) 최영애(1998), '중국어란 무엇인가', 통나무.

▶ go8.163.com/fuchunxi
安陽碑刻文字 虛擬博物館 : 다양한 갑골문 자료를 소개하고 있다.
▶ web.hanyang.ac.kr/~pendar
한양대학교 중어중문학과 이인호 교수 홈페이지 : 중국어와 중국문자에 대한 전반적인 소개가 있다.

제4장 아시아 제 민족의 문자 체계

아랍문자

　　지구상의 10억 인구가 아랍 문자를 사용하고 있다. '알라'라는 하나의 끈으로 묶여
있는 아랍 문자는 14세기가 지난 오늘날까지도 철자 하나 수정되는 일 없이 원본 그대
로 보존되고 있는 '코란'처럼 인류의 최후까지 살아남지 않을까? 앞으로 이슬람교도가
더욱 늘어난다면, 아랍 문자의 뿌리는 더욱 깊어지지 않을까?

1. 아랍 문자

아랍 문자는 가장 보수적인 사람들의 문자이다.

IPA	Final	Medial	Initial	Isolated
[dˤ]	ض	ض	ض	ض
[tˤ]	ط	ط	ط	ط
[ðˤ]	ظ	ظ	ظ	ظ
[ʕ]	ع	ع	ع	ع
[ɣ]	غ	غ	غ	غ
[f]	ف	ف	ف	ف
[q]	ق	ق	ق	ق
[k]	ك	ك	ك	ك
[l]	ل	ل	ل	ل
[m]	م	م	م	م
[n]	ن	ن	ن	ن
[h]	ه	ه	ه	ه
[w]	و			و

쿠피체   나스키체

고대 아랍 문자는 셈 계열의 아람 문자에 뿌리를 두고 있는 나바타이 문자로부터 유래되었다. 아랍 문자는 이슬람교를 기반으로 중동지역에 널리 사용되고 있던 기존의 아람 문자를 대체하고, 오늘날에는 아시아 일대를 비롯하여 아프리카 일대 및 사하라 사막의 오지에까지도 전파되었다.

아랍 문자는 28자의 자음 문자이며, 그 가운데 22자는 셈 문자의 자모 형태만 바꾼 것이고, 나머지 6자는 새로 추가되었다. 코란의 정확한 낭독을 위해 몇 개의 모음기호와 보조기호가 고안되었지만, 이들 기호는 코란 이외에서는 사용되지 않는다. 아랍 문자는 다른 셈 문자와 마찬가지로 오른쪽에서 왼쪽으로 쓰며, 같은 문자라도 위치에 따라 글자 모양이 바뀌는 독특한 체계를 가지고 있다.

글자꼴은 굵고 힘찬 인쇄체인 **쿠피 Kufi체**와 파피루스나 종이에 쓰기 적합한 필기체인 **나스키 Naskhi체**의 두 종류가 있다. 쿠피체는 암석과 금속에 문자를 새기거나, 코란 필사본을 쓸 때 사용하고, 그 외에는 나스키체가 사용된다. 오늘날에는 장식적이고 다양한 서체가 개발되어 쓰이고 있는데, 한자가 서예로 발전하였듯이 아랍 문자 또한 서예로 발전하였다. ■ Graphonomy

| 참고자료 |

▶ www.al-bab.com/arab/visual/calligraphy.htm
ARAB gateway : 아랍어와 아랍문자에 대해 소개하고 있다.

2. 인도 문자

인도인처럼 신비한 이 문자로 불경을 기록하였다.

데바나가리 문자

고대 인도 문자는 셈 계열의 아람 문자에 뿌리를 두고 있는 브라미 Brahmi 문자로부터 파생되어 다양한 형태로 발전했다. 오늘날 인도는 데바나가리 문자를 공식문자로 사용하고 있지만, *BC* 1500년 경부터 *BC* 800년 경까지의 베다 Beda 시대에는 문자가 없었다. 베다는 문자보다 음성을 신성시하며, 구전되었기 때문이다.

인도에는 중국과 같이 전문적인 사서 계층이 없었기 때문에, 역대 왕들의 비명(碑銘)을 중심으로 고대 문자를 확인할 수밖에 없다. 아소카왕의 비문 가운데 서북 지방의 일부 비문에서 셈 계열의 카로슈티 Kharoshi 문자가 발견되었는데, 흘림체로 오른쪽에서 왼쪽으로 기록되어 있다. 그러나 이 문자는 한정된 지역에서만 잠깐 동안 사용되다가 사라졌다.

인도에 문자가 본격적으로 보급된 것은 불교가 번성하면서부터인데, 이때 보급된 문자가 바로 브라미 문자이다. 자음 문자인 브라미 문자는 인도어의 실정에 맞게 모음이 추가되는 변화를 겪으며 발전했는데, 기원후 점차 글자꼴이 변화하여 4세기 무렵에는 북방계와 남방계로 분리되고, 수많은 변종이 파생되었다. ■ Graphonomy

| 참고자료 |

▶ www.cs.colostate.edu/~malaiya/scripts.html
콜로라도주립대학 Languages and Scripts of India : 인도문자에 대해 자세히 소개하고 있다.

3. 거란 문자

거란 문자는 거란인의 자존심이었다.

天 日 月 米 一 二 五

죠 ㅂ 月 米 一 二 죠

거란 대자와 한자

당나라 말기에 거란족의 아율아보기는 거란을 건국하고, 한족의 문화를 견제하는 한편 민족적인 자존심을 세우기 위해 가장 먼저 거란 문자인 **대자(大字)**를 만들었다. 이후 그의 동생 아율질자가 위그르 Uighur 문자로부터 영향을 받아 **소자(小字)**를 만들었는데, 이것이 거란 문자의 기원이 된다.

거란 문자는 여러 개의 기호를 조합하여 하나의 말을 만드는 철음(綴音)문자로서, 예컨대 2개의 기호를 결합할 때에는 상하로, 3개일 때에는 좌우로 2개를 먼저 결합한 다음, 아래 중앙에 1개를 결합하였다. 또 4개일 때에는 좌우로 위아래에 결합하고, 5개일 때에는 4개를 먼저 결합한 아래 중앙에 1개를 결합하는 방법을 사용하였는데, 최고 7개까지 결합할 수 있다. 결합에 사용되는 기호의 수는 대략 200개 이상으로, 소유격을 의미하는 기호도 있었다. 형태로 보아서는 한자와 비슷하다.

거란 문자는 거란이 1125년 금(金)나라에 의해 멸망하면서 결과적으로 금문자에 영향을 주는데, 이 시기를 전후하여 약 250년간이나 사용되다가, 그 후에 여진 문자 등에도 영향을 준다. ■ Graphonomy

| 참고자료 |

1) 淸格爾泰(1997), <거란 문자의 특징에 대하여>, '아시아 諸民族의 文字', 태학사.

4. 돌궐 문자

돌궐 문자의 뿌리는 과연 한자일까?

돌궐 문자

시베리아 문자라고 불리는 고대 돌궐 Turk 문자는 외견상 룬 문자와 유사하지만, 그 기원은 정확히 알 수 없다. 다만 동북아시아 지역에 등장하였던 대부분의 문자들이 중국 한자의 약체(略體)로부터 발전한 공통점을 갖고 있듯이, 돌궐 문자 역시 한자와의 관계를 추측해 볼 수 있다.

돌궐은 6세기 중엽 북아시아 지역을 통일하면서 역사에 등장했지만, 내부 분열로 인해 곧 동서로 나뉘어지게 된다. 시베리아 예니세이 Yenisei 강변 암각화는 동돌궐의 중흥기에 새겨진 것으로, 오르콘 Orchon 강변 비문보다 훨씬 이전의 문자형태이다.

돌궐 문자는 **표음문자**로서 38개의 자모로 이루어져 있으며, 오른쪽에서 왼쪽으로 기록한다. 8세기 중엽 터키계 유목민족인 위그르인이 동돌궐을 멸망시킨 후, 초기에는 돌궐 문자를 사용했으나, 후기에는 셈 계열의 아람 문자에 뿌리를 두고 있는 소그드 Sogd 문자를 차용하여 위그르 문자를 만들었다. **위그르 문자**는 몽고 문자를 거쳐 만주 문자에 영향을 준다. 이렇게 돌궐 문자는 역사 속으로 사라지게 된 것이다. ■ Graphonomy

| 참고자료 |

1) 송기중(1997), <突厥文字의 表記體系와 東北亞細亞 文字史의 傳統>, '아시아 諸民族의 文字', 태학사.

5. 여진 문자

여진 문자는 아직도 잠자고 있다.

emu 1	ningu 6	inengi sun/day
juwe 2	nadan 7	biya moon
ilan 3	jhakun 8	eniyen mother
duwin 4	uyun 9	amin father
shunja 5	juwa 10	omo children

여진 문자

수·당 시대에 말갈로 불렸던 여진은 1115년 아골타에 의해 통일국가가 된 이후, 한자와 거란문자를 차용하여 여진 대자(大字)와 여진 소자(小字)를 만들었다. 그러나 여진 문자는 아직까지 완전한 해독이 안 된 문자로서, 대자와 소자의 구별이 뚜렷하지 않고, 어휘의 어원이나 발음상의 특징 등이 밝혀지지 않고 있다.

여진 문자는 여진어가 교착어이기 때문에 문법적 기능을 표시하는 어미를 효과적으로 처리하기 위해 표의문자에서 표음문자로 발전할 수 있었는데, 그 중간 형태로 어간은 **표의자**이고 어미는 **표음자**인 문자 형태도 나타난다. 또한 여진 문자는 오른쪽에서 왼쪽으로 썼으며, **연서**(連書)와 **병서**(竝書)에 의한 음절 구성법이 사용되었는데, 특히 자음+모음+자음과 유사한 연서법도 발견된다.

여진족이 세운 금나라가 1234년 몽고에 의해 멸망한 이후, 만주 동부의 여진족 사이에서 14~15세기 명대(明代)에 이르기까지 여진 문자가 일부 사용되었으나, 명 말의 여진족이 몽고 문자를 사용하면서부터 여진 문자는 역사 속으로 사라지게 된다. ■ Graphonomy

| 참고자료 |

1) Hiu Lie(1997), <女眞文字語 研究의 現況과 課題>, '아시아 諸民族의 文字', 태학사.

6. 몽고 문자

왜 몽고인은 한자를 차용하지 않았을까?

몽고 문자

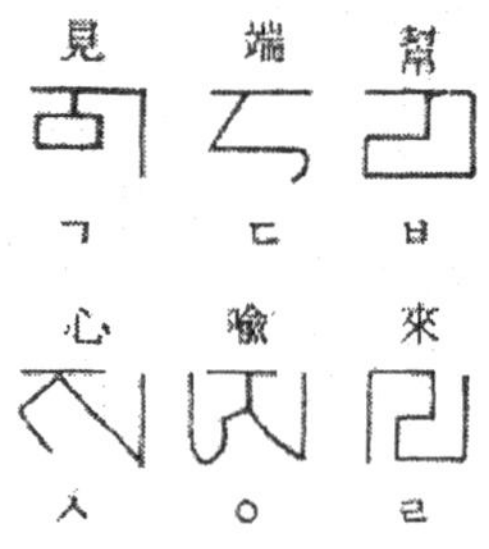

▲ 파스파 문자 ▶

문자가 없던 고대 몽고인은 징기스칸이 13세기 몽고 제국을 건설한 뒤에 정치적인 목적으로 위그르 문자를 기초로 **몽고 문자**를 만들었다. 위그르식 몽고 문자는 좌횡서로 기록하는 위그르 문자를 수정하여 좌종서로 고치는 등 몽고어를 보다 효과적으로 표현하기 위해 고심했으나, 기본적으로 자모수가 부족하여, 쿠빌라이칸에 이르러 티벳 고승 파스파에게 명하여 새 문자를 만들도록 했다.

새로 만든 **파스파(八思巴) 문자**는 몽고어에 적합하도록 모음의 표기법을 수정하였으며, 자획은 네모반듯한 방형문자이다. 그러나 파스파 문자는 몽고어의 음소를 표현하는데 효과적이었지만, 행서나 초서식으로 빨리 쓰는 데 적합하지 않아 몽고제국의 붕괴와 함께 사라졌으며, 위그르식 몽고 문자가 근대 몽고 문자로 자리 잡게 된다. 한편, 파스파 문자는 훈민정음과 유사한 글자꼴을 가지고 있어, 훈민정음의 파스파 문자 기원설이 제기된 바 있는데, 당대의 석학으로서 세종대왕이 인접 국가들의 문자를 검토했을 것은 자명한 일이고, '훈민정음'의 정인지 후서에 기록되어 있는 '字倣古篆'의 방형(方形)의 실마리를 여기에서 풀 수 있을지도 모른다.

ㄲ	ka	ㄹ	ca	ㄸ	ta	ㄹ	pa	ㄹ	tsa	ㄱ	zha
ㄲ	kha	ㄹ	cha	ㄹ	tha	ㄹ	pha	ㄹ	tsha	ㄹ	za
ㄹ	ga	ㅌ	ja	ㄹ	da	ㄹ	ba	ㄹ	dza	ㄹ	'a
ㄹ	ña	ㄹ	ña	ㄹ	na	ㄹ	ma	ㄹ	wa	ㅄ	ya
ㄱ	ra	ㄹ	la	ㄹ	śa	ㄹ	ha	ㄹ	'a	ㅎ	fa

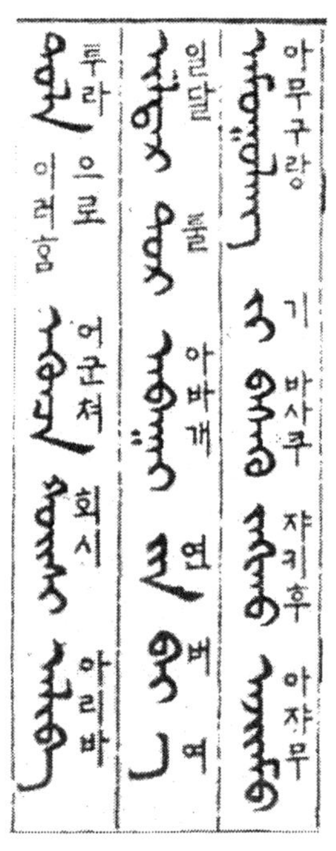

첩해몽어

근대 몽고 문자는 내외 몽고에 걸쳐 널리 사용되었으나, 구어(口語)를 표현하는 데 불편을 느껴, 1921년 외몽고 혁명 때 문자개혁 조치에 따라 폐지되고, 새로이 슬라브 계열의 키릴 문자인 러시아 문자를 차용하게 된다. 중국과 이웃한 나라인 몽고는 여러 문자를 차용하는 과정에서 한자는 단 한번도 차용하지 않았다. ■ Graphonomy

| 참고자료 |

1) 송기중(1988), <한자 주변의 문자들>, 정신문화연구 34, 정신문화연구원.
1) 유창균(1991), ‘국어학사’, 형설출판사.
2) 捷解蒙語(1988) 영인본, 홍문각.

7. 만주 문자

이방인의 마지막 자존심은 어디로 갔는가?

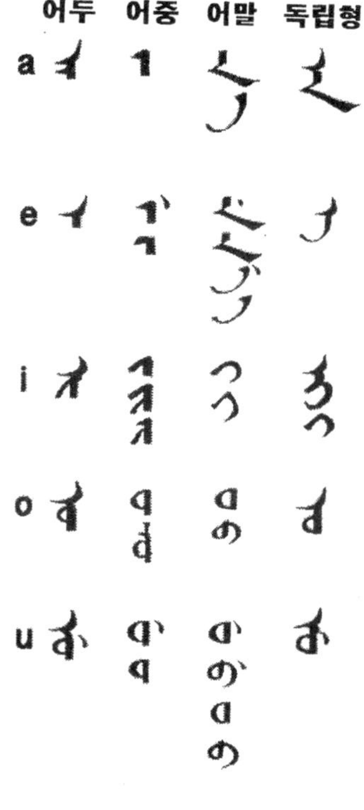

만주 문자

고대 만주 문자는, 만주 고유의 문화를 유지하고 민족적인 자존심을 세우기 위해 청(淸)나라의 태조(太祖)인 누루하치가 1601년 몽고 문자를 차용하여 만든 문자이다. 그러나 만주 문자는 몽고 문자의 자음만을 빌어 사용한 것으로, 동자이음(同字異音)어를 구별할 수 없었다.

그러던 중 1632년 달해(達海)라는 학자가 보조 기호인 점과 원을 이용하여 의미를 구별할 수 있게 하였는데, 그후 이전의 문자를 **무권점**(無圈点)문자라 하고, 이후의 문자를 **유권점**(有圈点)문자라 하였다. 유권점 문자인 만주 문자는 음소문자이지만 동일음을 표기하는 문자라도 어두, 어중, 어말에서 그 자형을 달리하는 경우가 있었다.

만주 문자는 세로로 왼쪽에서 오른쪽으로 썼으며, 글자체는 해서체, 행서체, 초서체와 함께 전서체가 쓰였다. 누루하치는 만주 문자를 국자(國子)로 부르며, 한족(漢族) 문화에 대한 경계심을 늦추지 않았으나, 오늘날 만주 문자는 만주어와 함께 자취를 감추었다. ■ Graphonomy

| 참고자료 |

1) 박사용(1974), <한국어와 만주어의 비교 연구>, 영남대 박사 학위논문.

제5장 일본의 문자 체계

일본 문자

　　오늘날 일본어의 표기는 히라가나(ひらがな), 가다가나(カタカナ), 漢字, Roma자 등
4가지 종류의 문자가 한꺼번에 사용된다. 또 일본 한자의 경우 上下라고 써 놓고, 음독
으로는 *zoge*(じょうげ), 훈독으로는 *uesita*(うえした) 또는 *kamisimo*(かみしも) 등 3
가지 방법으로 읽는다. 매우 복잡한 한자 읽기법이다.

1. 일본 문자의 기원

일본 문자는 우리의 차자 표기 체계 원리 그대로이다.

漢魏倭國王金印

고대 일본에는 중국의 한자가 들어오기 전까지 문자가 없었다. 일본에 한자가 처음으로 들어온 것은 AD 1세기경, 후한의 광무제가 일본 왕에게 하사한 <漢魏倭國王金印>을 통해서이다. 그러나 이 유물은 일본과 중국의 문화적인 교류를 의미할 뿐, 일본 문자의 직접적인 기원으로 볼 수는 없다.

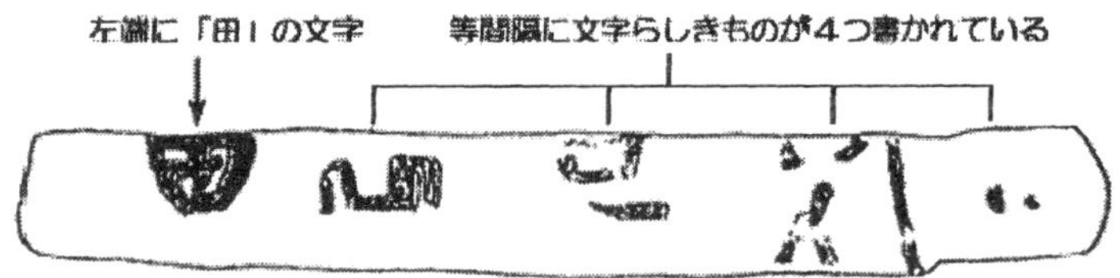

한자의 사용 시기를 알려주는 가장 앞선 시기의 문자 유물은 4세기경 전기 고분 시대의 것으로, 일본 규슈 중서부 구마모토현의 우물 유적 가운데 단갑(短甲)에서 발견된 '田'자 형태의 한자이다. 이외에 지금까지 발견된 문자 유물은 江田船山 고분에서 발굴된 5세기경의 대도명문(大刀銘文), 稻荷山 고분에서 발굴된 6세기경의 철검명문(鐵劍銘文) 등 대체로 5~6세기경의 한자들이 주류를 이룬다.

또한 '日本書紀'와 '古事記'를 보면 4~5세기경 백제의 학자 아직기와 왕인이 일본의 태자를 가르쳤다는 기록이 나오는데, 이를 근거로 5세기를 전후하여 이두(吏讀)식의 한자 차용법이 일본식 한자에 적용되기 시작했음을 알 수 있다.

"者
張
安
也"

江田船山古墳太刀銘文

　　6세기 중반 경에는 일본에 불교가 전파됨에 따라 중국화(中國化)가 더욱 심화되면서, 한자의 차용도 본격적인 궤도에 오르게 된다. 한자를 차용하여 만든 최초의 일본문자는 가나(假名)이다. 가나는 마나(眞名)인 한자에 대한 비칭(卑稱)으로, 한자의 음과 훈을 빌어 일본어를 표기하는 방식이다. **가나**는 **히라가나**(平假名)와 **가다가나**(片假名)에 대하여 **마가나**(眞假名)라고 불리며, '萬葉集'에 주로 사용되었기 때문에 **망요가나**(萬葉假名)라고도 한다.

> [*hana*] → 花, 波奈
> [*saku*] → 咲, 佐久

　　위의 예는 망요가나 표기법이다. 즉, *hana*는 '꽃'이라는 의미의 단어이다. 이를 '花'라고 한자로 쓰고 *hana*로 훈독할 수도 있고, *hana*가 가진 의미와는 상관없이 한자의 음만을 빌어서 '波奈'라고 음독할 수도 있다. 또 *saku*는 '피다'라는 의미의 단어로, 이를 '咲'로 적고 훈독할 수도 있고, 음독하여 '佐久'라고 적을 수도 있다. 망요가나 표기법은 이렇듯 音假名와 訓假名으로 나눌 수 있으며 이는 우리의 차차 표기법과 같은 방법이다.

　　망요가나는 한자의 형태를 그대로 유지하기 때문에 획수가 많아 기록하는데 많은 시간이 걸렸다. 따라서 획수를 생략하여 8~10세기 사이에 히라가나와 가다가나를 만들었다. 이에는 두 가지 방법이 있었는데 草化와 省文이다.

> 【草化】安→あ 左→さ 波→は 良→ら
> 【省文】伊→イ (扁) 宇→ウ (冠) 保→ホ (沓)

　　이러한 방법으로 만들어진 가나를 **略體假名**이라고 부른다. 히라가나는 草化에 의한 略體假名이고, 가다가나는 省文 또는 草化와 省文에 의한 略體假名이다. 草化는 한자의 초서체를 기본으로 자연스럽게 변한 것이지만, 省文은 의도적으로 생략시킨 것이다. 이는 중국의 간체자(簡

■ 추천 웹사이트
www.page.sannet.ne.jp/tsuzuki/sinmoji.htm#a

신대문자총람 사이트 :
신대문자에 대해 자세히
소개하고 있다.

體字)에서도 찾아볼 수 있다. 따라서 이 시기에 중국이나 조선의 도래인에 의해 한자의 획수를 줄이는 방법이 전수되었을 가능성이 높다. 우리의 구결자의 약체자도 이와 같은 방법으로 만들어졌으며 실제로 모양이 같은 자도 상당 수 있다.

한편, 일본의 고대문자라고 알려진 신대(神代)문자설은 일본 학계 내에서도 사실상 그 존재를 인정하지 않고 있다. 그 가운데 대표적인 언어학자인 山田孝雄과 小倉進平은 일본 신대에는 문자가 없었다고 지적했다. 山田孝雄은 신대문자는 위작(僞作)이며, 아비유(阿比留)문자를 비롯하여 현전(現傳)하는 모든 신대문자는 한국의 한글에 근거하여 만들어진 것이라고 결론내리고 있다. 이에 따라 阿比留문자를 비롯하여 神山 문자, 阿波문자 등 약 100여 종에 달하는 신대문자는 출처를 밝히지 못하는 문자로 남게 되었다. 일본 학자들이 신대문자를 이렇게 부정하는 가장 큰 이유는 신대문자로 쓰여진 문헌이 전혀 남아 있지 않다는 점과 한자를 차용하기에 앞서 고대 일본에 고유 문자가 있었다면 중국의 한자를 차용하여 가나를 발달시켰을 리 없다는 점을 들고 있다. ■ Graphonomy

| 참고자료 |

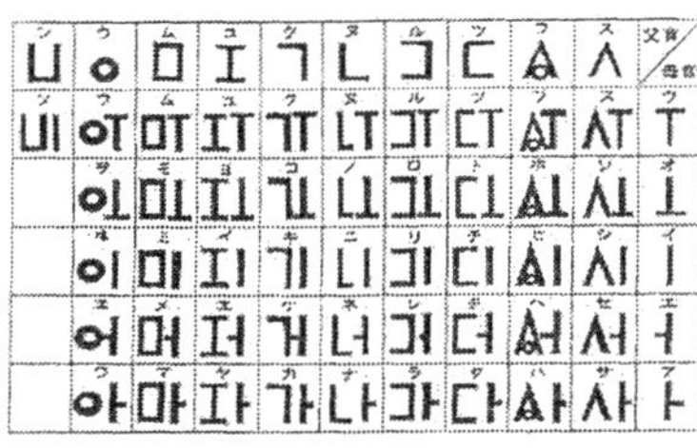

아비유 문자

1) 강인선(1986), <고대일본의 차자표기법>, 국어생활 86년 가을호, 國立國語研究院.
2) 신용태(1989), <漢字가 日本語의 單語 形成에 미친 影響>, 日語日文學研究 15, 韓國日語日文學會.
3) 菅野裕臣(1987), <韓國과 日本의 借字表記에 대하여>, 第4回 國際學術會議論文集, 精神文化研究院.

2. 일본 문자의 특징

문자체계는 복잡하지만, 문맹율은 1%로 세계에서 가장 낮다.

萬葉假名(眞假名)

고대 일본에서는 중국의 한자를 받아들여 중국식으로 사용하다가, 일본어의 실정에 맞게 일본식 한자로 수정하는 단계를 거쳐 새로운 일본 문자를 만들었다. 가장 앞선 시기의 일본 문자는 한자를 중국식으로 사용하면서, 부분적으로 한자의 의미와 관계없이 중국식 발음으로 일본어 의미를 나타내는 **음독(音讀)**의 방법을 사용하였다. 이 시기를 거쳐 한자를 음독하는 비중이 커지고, 한자의 의미와 대응하는 일본어의 의미를 일본식 발음으로 나타내는 **훈독(訓讀)**의 방법을 함께 사용하게 되었다.

한자의 훈독은 말처럼 쉽지 않은데, 그것은 한자가 여러 가지 뜻을 가지고 있으며, 같은 훈이라도 문자가 다른 경우가 많기 때문이다. 따라서 한자의 훈독은 오랜 습관에 의해서 자연스럽게 형성된 것이다.

음독에 이용하는 중국음은 시기적으로 吳音, 漢音, 唐音 3가지 형태를 받아들였다. 이 가운데 **吳音**은 5~6세기경에 들어온 중국의 남방음(南方)음으로 불경을 읽는데 사용했으며, 일본 한자음의 기층음(基層音)이 되었다. '古事記'와 '萬葉集'의 萬葉假名은 吳音계 한자음을 기준으로 삼았다. **漢音**은 7~8세기경 수나라와 당나라 일본 유학생들이 들여온 중국 북방음으로 한문 서적을 읽거나, 일상 생활에 사용했다. 平安시대에는 漢音이 표준음으로 장려되었고, 오늘날까지도 일본 한자는 漢音으로 읽고 있다. '日本書紀'의 萬葉假名는 漢音계 한자음이다.

利益	りゃく リエキ
自然	じねん シゼン
□化	へんげ ヘンカ

吳音(위)과 漢音(아래)의 비교

537

高田女王贈二今城王一歌六首

事清　甚毛莫言　一日太尓　君伊之哭者

痛寸敢物

高田女王が今城王に贈った歌六首

萬葉集　4：537

■ 일본심리학회의 심리학 모노 그래프 No.26의 '표기와 기억'(1997)에 따르면 한자는 假名보다 풍부한 패턴성과 화상적 특성을 보유하고 있기 때문에 한자 표기가 假名에 비해 화상 우위성 효과를 가지며, 월등한 기억 재생 능력이 있다고 한다.

唐音은 14세기부터 江戶시대에 걸쳐 선종(禪宗)의 승려들을 통해 들어온 중국의 남방음으로 처음에는 선종 용어로만 사용했으나, 후에 일상 생활에 사용했다.

중국의 한자를 가차(假借)하여 만든 **萬葉假名**는 중국식 발음에 바탕을 둔 音假名와 일본식 발음인 和訓에 바탕을 둔 訓假名로 나눌 수 있다. 萬葉假名의 발전 과정에서 正訓인 한자를 큰 글자로 쓰고, 일본어인 조사와 조동사는 萬葉假名의 작은 글자로 쓰는 **宣命書** 방식도 등장하였다.

그러나 萬葉假名가 일본어를 표음적으로 표기하는 방법으로는 성공적이었으나, 한자의 원형을 그대로 차용한 것이어서 빨리 쓰기에는 획수가 너무 많고 복잡해서 부적절했다. 이를 보완하기 위해 草化와 省文 2가지 방법이 고안되었다. 草化란 萬葉假名의 초서체를 되도록 간단하게 줄여 쓰는 것이고, 省文이란 萬葉假名의 扁・旁・冠・沓 등을 전체로 대신하여 쓰는 것이다.

萬葉假名를 해서(楷書)나 행서(行書)로 쓴 것은 **男手**, 草化假名 중에서 萬葉假名의 초서체에 해당되는 것은 草, 草化가 더 진행되어 오늘날의 히라가나에 가까울 정도로 흘려쓴 것은 **女手**라 불렀다. 手란 문자를 가리키는 말이기 때문에, 男手는 남자가 사용하기에 알맞은 문자이고, 女手는 여자가 사용하기에 알맞은 문자라는 뜻이다.

省文假名은 혼란을 일으키지 않는 한도 내에서 보다 간단한 글자체를 선택하고 과거의 복잡한 글자체를 버렸기 때문에 **가다가나**(片假名)라 불렀다. 당시 히라가나라는 명칭은 사용되지 않았다.

女手는 片假名에 비하여 정리와 통일이 늦었는데, 후에 발달하여 和歌나 和文에 많이 사용되던 시기에도 같은 음을 나타내는데 자모가 다른 몇 가지 글자꼴을 쓰거나, 자모가 같아도 草化의 정도, 방법에 차이가 있어 결과적으로 동일한 음을 나타내는데 몇 가지의 글자체가 사용되는 상태가 오랫동안 이어졌다. 女手가 현재의 히라가나로 글자꼴이 정리된 것은 1903년 국정교과서가 제정된 후였다.

萬葉假名의 간략화가 시작돼서 略體假名이 어느 정도 발달하고 草化假名와 省文假名가 분화되기 시작할 때까지 약 100년이 걸렸는데 訓點(ㅋㅋㅏ點)은 이 사이에 略體假名의 한계를 보충하여 加點의 능률화를 돕는 역할을 하였다. 訓點은 한문을 훈독할 때 직접 한자 위주 또는 그 주변에 點·線·円 등을 기리는 문자 대용 기호이다. 또한 한문을 훈독할 때 자주 쓰이는 조사, 조동사의 기호화에 시작하여 나중에는 특수한 체언, 용언, 겸양어까지에도 쓰여졌다. 처음엔 몇 개의 점에서 시작한 것이었지만 나중에는 그 종류와 수가 증가하여 100개 가까운 점을 가진 복잡한 것이 되었다.

히라가나(ひらがな) / 가다가나(カタカナ)

히라가나와 가다가나는 한자의 표음적인 용법에 근거하여, 그 자획을 간략화하거나 또는 자획의 일부분을 생략하여 창안한 문자로 일본 궁중의 서기(書記)나 사원의 승려 등에 의해 9세기 이후 사용되었다.

히라가나는 10세기말 경에는 어느 정도 완성되어 그 후에는 서도(書道)와 같은 미술적인 요소가 가미되어 복잡하게 발전했지만, 가다가나는 완전히 실용적으로만 발달하여 12세기경까지 대부분 완성되었다. 히라가나는 처음부터 독립해서, 혹은 한자를 병용해서 사용되었지만 가다가나는 처음에는 주로 한문의 訓点 기입을 위해 그 보조적인 부호로서 사용되었다. 또한 히라가나는 옛날에는 단지 'かんな, かな'로 불려지거나 '女手'라고도 불리었는데, 문학 작품이나 부녀자용에 씌어졌고, 가다가나는 한문을 중심으로 학자와 승려 등 남성 세계에서 사용되는 일이 많았다.

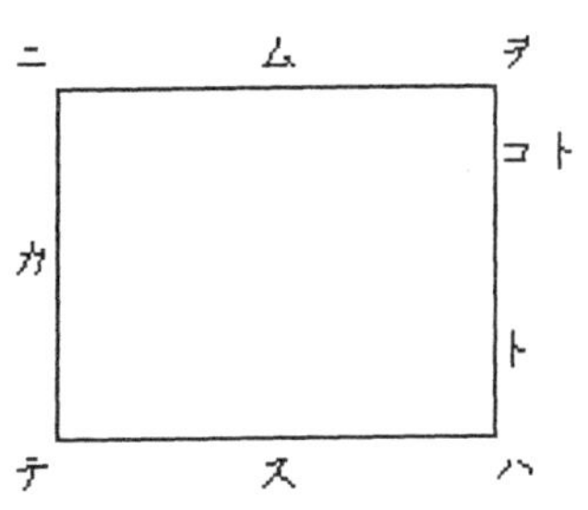

▲ 訓點(ㅋㅋㅏ點)

최근 우리 구결학회에서 발표되고 있는 각필부호와 일본의 훈점은 그 용법이 우수하다.

■ 德島文理大學의 小林芳規 교수는 일본의 假名문자의 원류가 고대 한국에서 쓰여진 구결일 가능성이 크다고 주장한다. 小林 교수는 한국의 성암고서박물관에 소장되어 있는 11세기 초 고려대장경에 각필로 쓰여진 구결을 분석한 결과, 한자를 응용하고 구결을 만들었던 수법이 일본의 假名과 일치한다고 밝혔다. 그는 또 한국의 여러 고문헌에 나오는 각필이 한자의 획을 생략하거나, 초서를 흐르게 하여 쓰고, 한자를 그대로 사용한 방식 등이 平安시대 초기의 원시적인 假名문자 제작법과 일치한다고 밝혔다.

지금까지의 연구에 의하면 히라가나와 가다가나는 모두 9세기 초에 이루어졌다고 한다. 히라가나의 '히라 平'는 각이 지지 않고 통속적이며, 평이하다는 뜻으로서 망요가나의 초서체인 草名가 점차로 간략화되어 자체가 고정되면서 성립한 것이다. 平安시대의 히라가나는 和歌나 편지에 사용되면서 점차 일가나 소설에도 사용되고 더 나아가서는 일상생활을 기록하는 데에도 사용되었다. 남성 지식 계급이 공식적인 문자 언어로서 많이 사용한 한자·한문을 '男手 おとくで'라고 불렀던 것에 대해, 여성에 의해서만 사용되어 많은 여류 문학을 만들어낸 히라가나는 '女手 おんなで'라 불렀다.

히라가나의 자원(字源)은 한자의 정자로부터 발생한 것이 많으나 그 중에는 이체자와 약자체에서 변한 것도 있다. 그 자원이 된 한자를 제시하면 다음과 같다.

あ(安) い(以) う(宇) え(衣) お(於)
か(加) き(幾) く(久) け(計) こ(己)
さ(左) し(之) す(寸) せ(世) そ(曾)
た(太) ち(知) つ(川) て(天) と(止)
な(奈) に(仁) ぬ(奴) ね(爾) の(乃)
は(波) ひ(比) ふ(不) へ(部) ほ(保)
ま(末) み(美) む(武) め(女) も(毛)
や(也)   ゆ(留)   よ(與)
ら(良) り(利) る(留) れ(禮) ろ(呂)
わ(和) ゐ(爲) ゑ(惠) を(遠) ん(无)

히라가나의 사용법은, 문장에서 자립어에는 한자를 쓰고, 히라가나는 자립어의 일부인 활용어미, 형식명사, 보조용언, 접속사, 감탄사, 부사 등에 쓰인다. 따라서 히라가나는 음성을 나타내는 것으로서 사용되며, 표음적 표기의 부분과 표의적인 한자의 대용으로 나타내는 부분이 있다. 교육적 배려에서 표의적인 한자를 사용할 수 없는 경우가 있으며, 그와 같은 경우에는 단어의 일부나 전체를 히라가나로 쓴다. 결국, 히라가나의 역할에는 형태상 한자와 대립하는 역할과 표음문자로서의 음을 나타내는 역할의 두 가지 측면이 있다고 할 수 있다.

花か 咲く
꽃이 피다

즉, 위의 예에서 '꽃'이나 '피-'에 해당하는 실사는 한
자로 쓰면서 *hana*, *sa*-등으로 훈독하고 '이', '-다'에 해
당하는 허사는 히라가나로 쓴다.

가다가나의 '가타 片'는 眞假名의 '眞'에 대응하는 것
으로서 '불충분, 일부분'이라는 뜻이다. かたかんな라는 명
칭은 平安시대부터 보인다. 가다가나는 망요가나의 자획
을 생략한 것으로서 본래는 한문을 읽는 방법을 나타내기
위하여 발달한 문자이다. 즉 불전을 정확하게 읽는 방법
을 나타내기 위하여 한문의 행간 등에 써넣기 위하여 고
안된 것으로서, 원한문인 한자와 혼동하지 않기 위해서도
매우 간략화된 글자가 요구되었던 것이다. 우리의 구결자
의 용법과 같다.

이것은 平安시대 초기에 승려들 사이에서 시작되었는
데, 이러한 가다가나가 쓰여진 사본을 点本(古点本)이라
고 하며, 이것에는 다양한 가다가나가 보인다. 가다가나는
원칙적으로 한자의 초획과 종획을 취해서 성립한 문자이
다. 그 자원(字源)이 된 한자를 제시하면 다음과 같다.

ア(阿) イ(伊) ウ(宇) エ(江) オ(於)
カ(加) キ(幾) ク(久) ケ(介) コ(己)
サ(散) シ(之) ス(須) セ(世) ソ(曾)
タ(多) チ(千) ツ(川) テ(天) ト(止)
ナ(奈) ニ(二) ヌ(奴) ネ(爾) ノ(乃)
ハ(八) ヒ(比) フ(不) ヘ(部) ホ(保)
マ(末) ミ(三) ム(牟) メ(女) モ(毛)
ヤ(也)　　　 ユ(由)　　　 ヨ(與)
ラ(良) リ(利) ル(流) レ(禮) ロ(呂)
ワ(和) ヰ(井) ヱ(惠) ヲ(乎) ン(无)

가다가나도 기본적으로 히라가나와 같은 형태상의 역
할과 표음문자로서의 역할을 갖는다. 오늘날에는 의성어
나 의태어 그리고 주로 외래어 표기에 사용된다.

로마자

로마자는 중세 말에 유럽으로부터 도래해 한 때는 활판인쇄에 의해 출판이 행해지기도 했지만 기독교의 억압과 함께 금지되었다. 그러나 그 후, 네덜란드와 그 외 서양 제국과의 교류와 함께 근세 중엽 이후 蘭學 등의 양학이 행해졌고, 이 과정에서 로마자가 사용되었다. 明治 이후 구미(歐美)와의 교류가 활발해지고, 외국어 학습도 많이 행해져, 한자나 가나 대신 로마자로 일본어를 표기하려는 운동도 행해졌었다.

明治 이후 한자를 폐지하고 히라가나와 가타가나만으로 일본어를 표기하려는 운동이 있었고, 국자 개혁 운동 또한 그 이후에도 계속적으로 이어지고 있다. 1964년 공포된 상용한자는 한자를 1850자로 제한한 것으로서 이 개혁 운동의 성과로 보여지지만 그 후, 각계의 반발이 커서, 1981년에는 역으로 상용한자로서 1945자로 증가해 그 규제 방침을 크게 완화시켰다. 2차대전 후 개혁은 당시 미군의 점령 정책의 강제성도 있었지만, 일본어의 어휘체계나 문체 등과 깊이 관계된 이 문제를 획일적, 표면적으로 처리했고 이러한 한자의 제한은 일본어의 표현을 평이화·간략화 시킨 원인이 되었다.

일본 문자 체계는 귀족 계급에 의해 주도적으로 체계화되었으며, 그들의 역할은 문화적 규범 즉 개화된 삶의 방식을 정하고 만들어내는 사람으로서의 역할이었기 때문에, 빨리 쓸 수 있고 또한 간단명료하게 읽을 수 있는 체계를 발전시키는 데에는 관심이 없었다. 따라서 일본어는 문자 체계가 부담스러울 정도로 꾸밈새를 갖추게 되었다. 그러나 일본 글자 체계의 복잡성이 실제 생활에서 능률을 떨어뜨림에도 불구하고 일본의 문자 해독률은 아주 높다.

오늘날 일본어는 "今日のＥＵ總會は、ロンドンで行われました。"와 같이 한자, 히라가나, 가다가나, 로마자 등 4종류의 문자를 섞어 쓰는 일이 비일비재하다.

일본어는 구조적으로 교착어에 속하지만, 계통관계는 확실하지 않다. 그 결과 현재까지도 알타이어족의 북방기원설, 말레이·폴리네시아어족의 남방기원설, 그리고 문법적인 면은 북방기원설에 가깝고, 어휘적인 면은 남방기원설에 가깝다는 혼합설 등이 제기되고 있다. 언어란 주로 구어 형식의 체계이며, 문자는 음성 언어의 보조 수단이라는 정의는 동아시아인이 받아들이기 어렵다. 중국어와 일본어 같이 동음이의어가 가득한 언어의 화자들에게는 말이란 문자 언어를 불완전하고 모호하게 반영한 것이라고 생각될 것이기 때문이다.

일본어를 전산 처리할 때 가장 큰 문제점은 영어는 알파벳 26자가 기본값이 되는 반면, 일본어는 4000~5000 문자가 있고, 한자의 수를 명확히 고정하는 일도 어렵다. 신문에 쓰이는 문자수는 약 4000자라고 하지만 인명이나 지명에 특수한 문자가 나오기 때문이다. 즉 일본어에 대해서는 말의 기본이 되는 문자 집합이 반드시 확정되어 있다고 말하기 어렵고 몇 개 있는가도 확실치 않다. 한자 폐지론이 제기되고 있는 이유도 여기에 있다.

■ Graphonomy

| 참고자료 |

1) 김문길(1992), '일본고대문자연구', 형설출판사.
2) 이한섭(1991), '일어학 개설', 한신문화사.

제6장 한국의 차자표기 체계

임신서기석(壬申誓記石)

문자는 문화와 문명의 산물이다. 그렇기 때문에 일반적으로 문자의 기원은 문명의 발상지에서 시작된다. 문자의 차용은 곧 문화의 차용이다. 고대 아시아인들이 중국의 한자를 차용한 것은 한자의 우수성 때문이 아니라, 중국 문화에 영향을 받고 있었기 때문이다. 고대 한국인 또한 신라와 고려를 거쳐 조선에 이르기까지 중국의 한자를 차용하면서 그들의 문화를 깊숙이 받아들인 것이다.

1. 차자표기의 역사

차자표기는 빌어 입은 옷과 같다.

호우총 문자유물

고대 한국에는 한국어를 표기할 수 있는 문자가 없었다. 따라서 지리적으로 인접해 있는 중국의 한자를 빌어 글말로 사용했다. 중국의 한자가 처음 한국에 들어온 시기에 대해서는 정확하게 알려진 바가 없다. 다만 고구려의 중국과의 관계를 고려해 볼 때, *BC* 1세기경에는 한자가 사용되기 시작했으며, *AD* 4세기경에는 불교의 전래와 함께 한자가 더욱 확산되었을 것으로 추정된다. 대표적인 문자 유물인 *AD* 5세기경의 광개토대왕비(廣開土大王碑)와 경주 호우총(壺衧塚)의 청동합(靑銅盒) 명문(銘文) 등을 비롯하여, 최근 만주와 한반도 북부 지역에서 한자가 새겨진 *AD* 3세기경의 와당(瓦當)과 봉니(封泥) 등이 발굴됨에 따라 *AD* 3~5세기경에는 한자가 널리 사용되었음을 알 수 있다.

그러나 입말인 한국어를 유지하면서 언어 체계가 전혀 다른 중국의 한자를 글말로 사용한다는 것은 생각보다 훨씬 힘든 일이었다. 특히 힘든 이유는 한국어와 중국어가 계통적으로 아주 다른 언어라는 점에 있다. 우선 중국어는 고립어로서 문법형태소가 필요 없는 언어이지만 한국어는 교착어로서 문법형태소인 조사나 어미가 발달한 언어이다. 어순도 중국어는 동사가 목적어 앞에 오는 *SVO* 언어인데, 한국어는 *SOV* 언어이다. 따라서 한국어의 실정에 맞게 한자의 소리(音)와 뜻(訓)을 빌어 기록하는 차자(借字) 표기법은 이러한 두 가지 점이 고려되어 발달하게 된다.

가장 앞선 시기의 차자 표기는 **인명**이나 **지명**과 같은 고유 명사에 국한되었다. 예컨대, 신라의 시조를 혁거세(赫巨世)라 하거나, 불거내(弗拒內)라고 한 것은 '밝은 누리'란 뜻의 음독 혹은 훈독의 차자 표기이다. 고유명사의 차자 표기는 중국에서 주변 국가나 외국인의 이름을 표기하던 가차(假借)의 방식을 활용한 것이다. 한자 차용의 기본 원리는 표음적 기능을 버리고 표의적 기능을 살린 훈독(訓讀), 석독(釋讀) 표기와 표의적 기능을 버리고 표음적 기능을 살린 음독(音讀) 표기가 대표적이다.

그 후 중국식 한자를 한국어 어순에 맞게 그 배열 순서만 바꾸어 놓은 **서기체**(誓記體)가 등장한다. 이 서기체는 *AD* 6세기경의 유물인 **임신서기석**(壬申誓記石) 등에서 발견된다.

壬申年六月十六日二人幷誓記天前誓今自三年以後忠道執持過失
无誓若此事失天大罪得誓若國不安大亂世可容行誓之友別先辛未
年七月卄二日大誓詩尙書禮傳倫得誓三年

위의 글에서 '맹세하다'는 동사 '誓'가 항상 문장 뒤에 오고 있음을 알 수 있다. 한 문장으로서는 맞지 않는 구문이다. 그러나 서기체 표기법은 이두나 구결 표기법과는 달리 조사나 어미, 부사를 표기하지 않았으므로 해석이 잘못되거나 중의적인 해석이 가능하다는 단점이 있다.

이러한 점을 보완하기 위해 서기체 표기에 조사와 어미를 차자 표기하는 **이두**(吏讀)가 개발된다. 이두는 *AD* 6세기경의 남산신성비(南山新城碑) 등에서 발견된다.

辛亥年二月二十六日南山新城作節如法以作後三年崩破者罪敎事
爲聞敎令誓事之

이러한 이두 표기법은 한자의 정자(正字)를 그대로 활용했으나, 그 후 한자의 원전을 그대로 사용하면서 의미 파악과 독송(讀誦)의 편의를 고려하여 약자(略字)로 문법형태소를 차자 표기하는 **구결**(口訣)이 개발되었다. 이는 일본의 가다가나의 발생과 똑같은 방법이며, 후에 약체자가 발달하게 되는 것도 같다.

구결은 *AD* 17세기경의 '동몽선습'(童蒙先習) 등에서 발견된다.

天地之間萬物之中厓　唯人伊　最貴爲尼　所貴乎人者隱　以其有五倫也羅...

이상에서 살펴본 바와 같이 중국어의 어순을 한국어 어순대로 바꿔서 쓴 것이 서기체이고, 이 서기체에 조사나 어미를 차자 표기한 것이 이두이다. 구결이란 한문의 어순에 해석상의 편의를 위해 조사나 어미를 차자 표기한 것이고, 향찰은 위의 모든 차자법을 사용하여 모든 문장을 한자의 음이나 훈을 빌어 표기한 전면적 차자 표기체계이다.

실예를 들어 본다면 '나는 너를 사랑하니'라는 말을 중국어 한자 구성으로 표현하면 '我愛你'가 되는데 이를 한국어 어순으로 바꾸어 '我你愛'로 쓰면 서기체가 된다. 또한 '我你愛'뒤에 '하니'라는 어미를 '위(爲)'자와 '니(尼)'자를 써서 붙이면 이두가 되고, 순서는 그대로 두고 '我愛你'뒤에 '위(爲)'자와 '니(尼)'자(흔히 약자)를 써서 붙이면 이는 구결이 된다. 향찰은 이렇게 구절 단위로 한자를 빌어쓰는 방식이 아니라, 전 문장을 차자 표기하는 것이다. 즉 향찰식 표기로는 '我伊你乙愛爲尼'가 된다.

■ Graphonomy

| 참고자료 |

1) 남풍현(1990), <이두·구결, 국어연구 어디까지 왔나>, 동아
　　　　　　 출판사.
2) 안병회(1992), <차자 표기법의 형성과 특징>, 국어사연구, 문
　　　　　　 학과 지성사.

2. 서기체 표기법

서기체는 가장 기본적인 한자 차용법이다.

서기체(誓記體) 표기법은 가장 앞선 시기의 한자 차자 표기법으로, 두 언어 사이의 어순의 차이를 극복하기 위한 것이었다. 즉, *SVO*로 배열된 중국식 한문 구성을 *SOV*로 재배열하여 동사가 뒤에 오는 한국식 문장 구성법이다. 서기체 표기는 경주 석장사(石丈寺) 부근 언덕에서 발견된 자연석 냇돌에 5행으로 74자가 새겨져 있다. 이 비석은 임신년에 두 사람이 함께 충도(忠道)를 지킬 것을 맹세하며 기록한 것으로, <임신서기석>이라 부른다.

서기체는 한자의 어휘적 개념과 한국어 어순을 이용하여 의미를 전달하는 단순한 표기법이다. 따라서 조사나 어미와 같은 문법적인 관계 개념을 표시하지는 않는다. 그러나 서기체가 발견된 *AD* 6세기경의 문자 유물인 임신서기석에는 이두에서 문말 어미로 사용되는 '之'의 용법이 나타난다. 이에 따라 서기체 표기가 이두의 전단계 표기임을 알 수 있다.

<임신서기석>은 보존 상태가 양호하며, 기록되어져 있는 내용이 짧고 간단하여 이미 해독이 완료되었다. 그러나 한자의 자의(字義)와 기능을 정확하게 알 수 없기 때문에, 7번씩이나 쓰인 '誓'의 의미가 '맹세하다'는 의미로만 쓰였는지, 문장을 어디에서 끊어 해석해야 하는지 모호한 점이 있다. 이두나 구결이 필요하게 된 이유가 여기에 있는 것이다. ■ Graphonomy

임신서기석

壬申年六月十六日二人幷誓記天前誓今自三年以後忠道執持過失
无誓若此事失天大罪得誓若國不安大亂世可容行誓之友別先辛未

　임신년 6월16일에 두 사람이 함께 맹세하여 기록한다. 하느님 앞에 맹세한다. 지금부터 3년 이후에 충도를 집지하고 과실이 없기를 맹세한다. 만일 이 일을 어기면 하느님에게 큰 죄를 얻을 것이라고 맹세한다. 만일 나라가 편안치 않고 세상이 어지러우면 가히 모름지기 행할 것을 맹서한다. 또 따로 앞서 신미년 7월 27일에 크게 맹서하였다. 시, 상서, 예기 춘추전을 윤득하기를 맹서하되 3년으로 하였다.

| 참고자료 |

1) 강신항(1984), '국어학사', 보성문화사.
2) 서울대학교 대학원 국어연구회 편(1990), '국어연구 어디까지
　　　　　　　왔나', 동아출판사.
3) 안병희(1992), '국어사 자료 연구', 문학과 지성사.

3. 이두 표기법

이두는 19세기까지 사용된 실용적인 차자 표기법이다.

이두(吏讀)는 서기체 표기에 한자의 음(音)이나 훈(訓)을 차자하여 만든 문법소를 덧붙인 것으로, 실용문에 국한하여 쓰인 차자 표기법이다. 일반적으로 이두는 관청에 소속된 이서(吏胥) 또는 서리(書吏)가 행정 문서에 사용했음을 의미하여 이서(吏書) 또는 이문(吏文), 이찰(吏札)이라 했고, 중국 문자에 대한 비칭(卑稱)으로 이문(俚文)이라고도 했다. 이외에 이도(吏道), 이토(吏吐), 이투(吏套) 등의 명칭이 사용되었는데, 이는 이두문에 사용된 이두 토(吐)를 의미한다.

초기 이두 문서인 *AD* 6세기경의 경주 <남산신성비>에는 '節(디위), 敎事(이실), 之(다)'등의 이두 표기가 훈독되어 있다. 이를 통해 초기의 이두는 음독되지 않고 훈독되었음을 알 수 있다. 그러나 아직도 이두 문자의 규정이 확실지 않아 해독이 완전히 이루어지지 않았다.

辛亥年二月二十六日南山新城作節如法以作後三年崩破者罪敎事
爲聞敎令誓事之

후기 이두 문서인 *AD* 8세기경의 '화엄경사경조성기(新羅華嚴經寫經造成記)'는 신라 시대의 이두 기록 가운데 가장 풍부한 내용을 담고 있는 자료로서, 한자의 음을 차자한 자로, 향찰에서 흔히 볼 수 있는 '內(ㄴ), 賜(시), 彌(며), 乎(-오-)' 등도 사용되었다.

"天寶十三載甲年八月一日初乙未載二月十四日一部周了成在之成
內願旨者黃龍寺緣起法師爲內賜第一恩賜父願爲內彌第二法界一
切衆生皆成佛道 欲爲以成賜乎"

'화엄경(華嚴經)' 한문으로 기록되어 있는데, '조성기(造成記)'는 이두로 기록되어 있는 것으로 보아, 이두는 번역문이 아닌 창작문 표기에 주로 사용되었음을 알 수 있다. 이두는 한자의 정자(正字)를 그대로 활용했기 때문에 기록에 불편함이 따랐지만, 약 AD 4세기경부터 시작하여 훈민정음이 창제된 이후에도 AD 19세기 말까지 사용되었다.

자주 쓰이는 이두의 토는 是(이), 隱(은), 飛隱(는), 乙(을), 厓(에), 臥(와), 果(과), 乙奴(으로), 爲古(하고), 爲彌(하며), 是五(이오), 是尼(이니), 是那(이나), 爲可尼(하더니), 爲面(하면), 是面(이면), 是羅(이라), 是尼羅(이니라), 爲尼羅(하니라) 등이 있다. ■ Graphonomy

| 참고자료 |

1) 남풍현(1994), <신라시대의 이두자료>, 국어사 자료와 국어학의 연구, 문학과 지성사.
2) 이기문(2001), <고대 삼국의 언어표기관>, 설총 선생과 국어, 국립국어연구원.

4. 구결 표기법

구결은 차자 표기법 중 가장 생명력이 길었다.

信行具足復有五道一切衆生復有他方否
可量衆復有懷汁方淨土現百億高座化百
億須彌寶花各各座前花上有無量化佛有

구역인왕경

일반적으로 구결(口訣)은 한자의 음(音)을 차자하여 만든 문법소를 한자와 한자 사이에 덧붙이는 차자 표기법이다. 이런 점에서 구결 표기는 이두 표기와 비슷하지만, 구결은 한문 그대로에 구결 표기를 하여, 주로 유교와 불교의 경전에 토를 덧붙임으로써 독해력을 증진시키는데 사용되었다. 한자의 주석(註釋)에 쓰이는 구결은 현토(懸吐), 석의(釋義)또는 '입겿'이라 한다. 구결의 종류는 석독(釋讀)구결과 음독(音讀)구결, 역독(逆讀)구결과 순독(順讀)구결, 한자구결과 한글구결, 정자(正字)구결과 약자(略字)구결 등으로 나눌 수 있다.

석독구결은 설총(薛聰)이 방언(方言)으로 구경(九經)을 읽었다는 '三國史記'의 기록에 따라 삼국시대로 그 기원이 소급되고, *AD* 14세기경의 구결 자료인 '구역인왕경 상(舊譯仁王經 上)'이 발견되면서 이의 확실한 자료를 얻었다.

復	有	他方	不	可	量	衆

復ソ1 他方ヒ 量ノㆆ 可ヒソ1 不矢リヒヒ 衆 有ヒナ小
復爲隱 他方叱 量乎音 可叱爲隱 不知是飛叱 衆 有叱在彌

'구역인왕경'의 원전에는 한자의 좌우측에 토가 묵서(墨書)되어 있는데, 이는 한자의 석독을 표시한 것이다. 우측(위쪽)에 토가 붙은 한자를 먼저 읽어가다가, 역독점(逆讀點)을 만나면 위로 올라가 좌측(아랫쪽)에 토가 붙은 성분을 읽는다. 이처럼 역독점을 만나면 거슬러 올라가 독해를 하기 때문에 석독구결을 역독(逆讀)구결이라고도 한다.

석독구결이 음독구결로 바뀐 것은 한문을 한국어 어순에 따라 역독(逆讀)하고 한자를 한국어로 훈독(訓讀)하여 읽는 방법이 사라졌음을 의미한다. **음독구결**에서는 한국어 어순에 따라 거슬러 올라가는 역독이 없어지고 그 대신에 중국어 어순을 그대로 수용하여 음독하게 된다. 따라서 일반적인 의미에서의 구결인 음독구결은 한문을 중국어 어순에 따라 순서대로 읽어가기 때문에 순독(順讀)구결이라고도 한다.

AD 15세기 이후 등장한 음독구결 표기법은 '능엄경언해(楞嚴經諺解)'에 가장 먼저 나타난다. 이때 사용된 토는 한글 구결임을 알 수 있다. '능엄경언해'는 구결이 달린 본문을 큰 글자로 먼저 싣고, 직역된 번역문을 작은 글자로 덧붙였다.

如來ㅅ 果體는 其體ㅣ 本然커시니... <능엄 권1:6>
셩링ㅅ 광톙는 그톙 본링그러커시니...

AD 17세기 음독구결 자료인 '동몽선습(童蒙先習)'에는 한국어의 문법형태소를 한자로 차자하여 표시하였다.

天地之間萬物之中厓 唯人伊 最貴爲尼 所貴乎人者隱 以其有五倫也羅...

구결에는 정자(正字)구결이 있고, 약자(略字)구결이 있는데, 약자구결은 대개 한자의 획 하나를 따서 사용한 것으로, 일본 문자와 상당히 유사하다.

正字 ; 伊, 爲, 也, 厓, 於, 乙, 是, 尼, 時, 尼, 於, 古
略字 ; 丶, ソ, ㄱ, 广, 厼, 乙, ㅅ, ヒ, ナ, ヒ, ㅿ, ㅁ
音讀 ; 이, 호, 야, 에, 어, 늘, 이, 니, 시, 니, 며, 고

　　최근에는 초조본(初雕本) '유가사지론(瑜伽師地論)' 5
권과 8권에 각필(角筆)로 점과 선이 찍혀 있는 것이 발견
되었고, 그 뒤로 각필 부호 자료가 더 발견되고 있다. 각
필 부호는 일본의 訓點과 동일한 기능을 하는데, 각필은
뾰족하게 깎은 상아나 대나무로 종이를 눌러 쓴 것이기
때문에 육안으로는 잘 보이지 않는다. 이것은 기호구결
또는 점토구결 등으로 불린다. ■ Graphonomy

| 참고자료 |

1) 김문웅(1987), <諺解文에 나타난 口訣의 형태>, 若泉 金敏洙
　　　　　　　　　교수 화갑 기념 논총 국어학신연구3, 탑출판사.
2) 남풍현(1987), <舊譯仁王經의 口訣에 대하여>, 若泉 金敏洙
　　　　　　　　　교수 화갑 기념 논총 국어학신연구3, 탑출판사.
3) 남풍현(1999), '국어사를 위한 구결연구', 태학사.

▶ www.kugyol.or.kr
구결학회 : 구결 자료에 대한 소개와 함께 다양한 자료를 구할 수 있다.

5. 향찰 표기법

향찰은 문자 없는 우리 민족의 전면적인 표현 욕구였다.

향찰(鄕札)은 한자의 음과 뜻을 빌어 한국어를 표기한 전면적인 차자 표기법이다. 향찰은 신라의 노래인 향가를 적은 표기뿐만 아니라 실용 문서의 글과 한문의 구결을 표기한 글 모두를 두루 가리키는 명칭으로도 쓰여, 한자에 대립한 한국어 표기 형식을 가리키기도 한다. 우리에게 전해 오는 향가는 '삼국유사(三國遺事)'에 실린 14수와 '균여전(均如傳)'에 실린 11수로 모두 25수가 전해져 내려온다.

향가는 고도의 비유법이 적용된 문학 작품이기 때문에 향찰 표기는 매우 해독하기 어려운 자료에 속한다. 또한 향가는 후대에 채록된 만큼 오자(誤字)나 탈자(脫字)가 많고 와전된 표기도 있으며, 석독구결 자료에 비하여 표기가 정제되었다고 할 수 없다. 따라서 많은 학자들이 심혈을 기울여 향가 해독에 전념하였으나 아직도 정확한 해독이 이루어지지 않고 있는 실정이다.

삶과 죽음의 길은
이에 있으매 머뭇거리고
나는 간다는 말도
못다 이르고 어찌 갑니까?
어느 가을 이른 바람에
이에 저에 떨어질 잎처럼
한가지에 나고
가는 곳 모르온저
아아, 미타찰(彌陀利)에서 만날나
도(道) 닦아 기다리겠노라
　　　　　　－ 김완진 해독

生 死 路 隱
此 矣 有 阿 米 次 肹 伊 遣
吾 隱 去 內 如 辭 叱 都
毛 如 云 遣 去 內 尼 叱 古
於 內 秋 察 早 隱 風 未
此 矣 彼 矣 浮 良 落 尸 葉 如
一 等 隱 枝 良 出 古
去 奴 隱 處 毛 冬 乎 丁
阿 也 彌 陀 刹 良 逢 乎 吾
道 修 良 待 是 古 如
　　　　　　　— 월명사

　　이 노래는 신라 경덕왕 때의 승려 월명사가 지은 향가로, 위망매영재가(爲亡妹營齋歌)라고도 한다. 월명사가 죽은 여동생을 위하여 이 노래를 지어 제사지내니 갑자기 광풍이 지전(紙錢)을 날리어 서쪽으로 없어졌다고 한다. 형제 자매를 한 가지에 난 나뭇잎에 비유하고, 누이동생의 죽음을 나뭇잎이 가을철에 떨어져가는 것에 비하여 누이를 그리워하며, 미타찰(彌陀刹) 곧 극락에서 도를 닦아 기다려 달라는 내용으로 되었다.

　　향가에 따라 같은 문법 형태소에 사용된 향찰자가 다르다. 그러나 삼국유사 소재의 향가와 균여전에 실린 보현십원가의 표기 체계를 비교해 보면, 통일신라 이전의 향가와 이후의 향가 표기법이 크게 차이를 보이지 않는다. '삼국유사'에는 쓰이지만 '균여전'에는 쓰이지 않는 표기가 있고, 반대로 '삼국유사'에는 쓰이지 않고 '균여전'에만 쓰이는 용례도 있다. 일연이 향가를 채록할 당시의 13세기 후반기의 표기법이 반영된 것이라고 추정할 수도 있다. 그러나 이 현상이 단지 문체의 차이에서 비롯된 것인지 그렇지 않으면 언어적인 차이를 그대로 반영한 것인지는 판단하기 어렵다. '삼국유사'와 '균여전'에 나오는 차자들이 서로 일치하는 것들이 훨씬 많기 때문이다.

　　최근에 발견된 고려 시대 이두 자료나 석독구결 자료들을 검토해 보면 향찰 표기가 여러 곳에서 이들과 일치함을 알 수 있다. 그렇다고 하여 향가의 모든 표기가 고려 시대의 표기법에 토대를 둔 것이라고 할 수는 없을 것이다. 향찰 표기는 부분적으로는 신라 시대의 유물을 그대로 이어받았고 또 다른 부분에서는 고려 시대에 유행했던 표기법이 채용되기도 하였으리라고 추정할 수밖에 없다.

　　따라서 향찰 표기가 어느 시대의 표기법을 반영하는 것인가 하는 문제의 결론을 내리기에는 아직 이르다. 향가는 고려 초기를 끝으로 생명을 다한다. 가장 큰 원인은 역시 한문의 영향을 들어야 할 것이다. 고려 중기 이후

'방언'으로 적힌 글들은 배척의 대상이 되는 일이 많았다. 고려 중기 이후에도 향가가 계속 불려지고 그 표기법이 이어졌더라면 우리 국어의 역사 서술에 유용한 자료도 그만큼 풍부해졌을 것이다. ■ Graphonomy

| 참고문헌 |

1) 이승재(2000), <새로 발견된 각필 구결과 그 의의>, 새국어생활 10-3, 국립국어연구원.
2) 이승재(2000), <국어문자체계의 발달>, '한국문화사상대계1', 영남대 민족문화연구소.
3) 이종철(1990), <향가해독법>, '국어연구 어디까지 왔나', 동아출판사.

제7장 한국의 훈민정음 체계

訓民正音
國之語音異乎中國與文字
不相流通故愚民有所欲言
而終不得伸其情者多矣予
爲此憫然新制二十八字欲
使人人易習便於日用矣
ㄱ牙音如君字初發聲

훈민정음 어제 서문

    영국의 언어학자 *Geoffrey Sampson*은 한글을 인류가 쌓은 가장 위대한 지적 성취의 하나라고 지적하며, 세계 문자사와 문자론은 한글로 인하여 새롭게 정리되었다고 평가하였다. 한글은 글자의 모양과 기능을 관련시킨 문자이자, 글자 모양 또한 조음 기관을 본뜬 문자로서, 이러한 착상은 인류의 문자사에 있어 전무후무한 일이기 때문이다.

1. 훈민정음의 판본

훈민정음은 백성을 가르치는 바른 소리이다.

'훈민정음(訓民正音)'은 다음과 같은 두 가지 뜻으로 쓰인다. 하나는 기존의 차자문자를 버리고, 1443년에 새로 만들어진 백성을 가르치는 바른 소리라는 뜻을 가진 한국 문자의 이름이고, 다른 하나는 이 새로운 문자에 대하여 자세히 해설하고 있는 '훈민정음'이라는 문자론 책의 이름이다.

'훈민정음'은 흔히 해례본, 예의본, 언해본 등으로 구분하여 지칭하는데, 예의본은 '세종실록'과 '훈민정음'에 실린 서문(序文), 예(例), 의(義) 등에 관하여 한문으로 간단히 소개한 부분을 말한다. 언해본이란 이 예의(例義) 편만을 주석한 것으로, 월인석보본, 육당문고본, 金澤庄三朗本, 宮內省본이 전해지고 있다. 해례본이란 바로 본문에 해례(解例)가 실린 '훈민정음' 책을 말하는 것으로 훈민정음 해례본 혹은 원본 훈민정음이라고도 한다. 고(故) 전형필 씨 소장본이 유일한 것으로 남아 있다.

월인석보본

훈민정음예의본 가운데 하나인 월인석보본은 '월인석보(月印釋譜)' 권두에 실려 있는 언해본(諺解本)을 가리킨다. '월인석보'는 '월인천강지곡(月印千江之曲)'과 '석보상절(釋譜詳節)'을 합하여 세조 5년(1459)에 편찬한 불교대장경으로, 훈민정음은 월인석보의 卷 1·2의 합본에 실려 있다. 월인석보본 훈민정음은 예의(例義)편만을 주석(註釋)한 것으로, 세종어제훈민정음(世宗御製訓民正音)이라는 제목(內題)이 붙어있다.

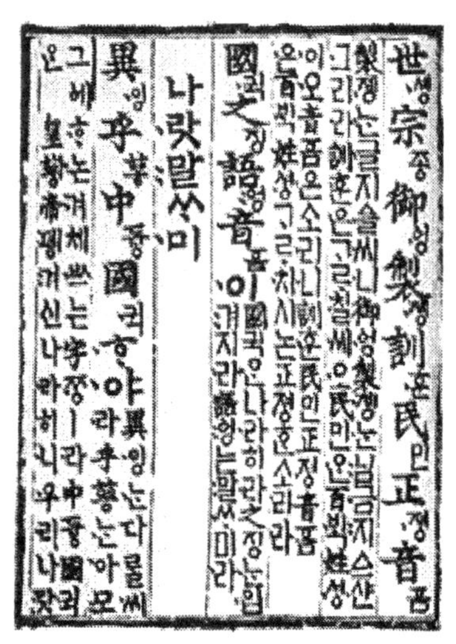

월인석보본

치두음과 정치음 규정

육당문고본

그런데 월인석보본에는 훈민정음해례본에 없는 치두음(齒頭音)과 정치음(正齒音)에 대한 규정이 덧붙어 있는데, 이는 세종대왕이 훈민정음을 창제한 뒤에 중국어의 치두음(혀를 올려 이에 닫는 소리)과 정치음(혀를 말아 잇몸에 대는 소리)을 표기할 수 있도록 문자를 새로 고안하였기 때문이다. 이를 위해 치음(齒音)글자 ㅈㅊㅉㅅㅆ 을 둘로 나누어 왼쪽 획이 긴 치두(齒頭音)글자와 오른쪽 획이 긴 정치(正齒音)글자를 새로 만들었다.

현재 월인석보본 훈민정음은 초간본으로 추정되는 판본이 발견되어 서강대학교 도서관에 소장되어 있는데, 첫 장의 하단 부분이 마손(磨損)되어 몇몇 글자의 확인이 어렵다. 이외에 선조 1년(1568)에 간행된 희방사본 월인석보는 희방사에 월인석보 卷 1·2의 판목이 보관되어져 왔으나, 한국 전쟁 때 소실되고 목판본만이 전한다.

육당문고본(박승빈본)

훈민정음예의본 가운데 하나인 육당문고본은 국어학자인 고(故) 박승빈씨가 소장하고 있던 것으로, 월인석보에서 훈민정음만을 별도로 제책(製冊)한 언해본을 가리킨다. 육당문고본 훈민정음은 1장과 2장 이하의 내용이 보사(補寫)되었는데, 보사된 부분을 제외하면 지질(紙質)은 물론이고 인쇄된 활자의 모양이나, 판식(板式)까지 월인석보본과 일치한다. 월인석보본과 마찬가지로 예의만을 국역(國譯)했고, 뒷부분에 한자음의 치두정치음 표기에 관한 규정을 덧붙이고 있다. 현재 고려대학교 아세아문제연구소의 육당문고에 소장되어 있다.

일본 金澤庄三朗 소장본

훈민정음예의본 가운데 하나인 金澤庄三朗 소장본은 明治시대의 일본 언어학자인 金澤庄三朗이 입수한 훈민정음 언해본 가운데, 사본을 가리킨다. 金澤庄三朗은 小倉進平, 前間恭作 등과 함께 신라 향가 해독에 참여했으며,

훈민정음의 범자(梵字)기원설을 주장한 학자이다.

일본 궁내성(宮內省) 소장본

훈민정음예의본 가운데 하나인 일본 궁내성 소장본은 궁내성 도서관(書陵部)에 소장되어 있는 훈민정음 언해본 가운데, 사본을 가리킨다. 궁내성 소장본은 영정조 시대의 사본으로 추정되며, 박승빈본과 유사하다.

훈민정음예의본(세종실록본)

훈민정음예의본 가운데 하나인 세종실록본은 '세종실록'에 기록되어 있는 한문본을 가리킨다. 세종실록 권 113, 세종 28년(1446) 9월 조에 예의와 정인지의 서(序)가 실려 전한다. 특히 세종실록본에는 탈자(脫字)가 많은데, 예의편에서는 '欲使人人易習'이 '欲使人易習'으로 인(人)자가 탈락했고, 정인지의 서에서는 집현전 학자들의 이름을 기록하면서 신하들 이름 앞에 일일이 신(臣)이라고 쓰지 않고 두 번째 이하에서부터는 탈락시켰다.

훈민정음해례본(전형필본)

세종 25년(1443) 12월, 새로운 문자를 만든 세종대왕은 집현전 학자들에게 문자 해설서를 만들게 하여 3년만인 세종 28년(1446)년에 완성되었다. 훈민정음해례본 또는 원본 훈민정음이라고 하는 이 책은 어제 서문과 예의편, 해례편, 정인지의 후서 등의 세 부분으로 이루어져 있다. 조선 시대를 통하여 가장 훌륭한 저술이며, 집필에 참여한 학자로는 정인지, 최항, 박팽년, 신숙주, 성삼문, 강희안, 이개, 이선로 등이다.

이 책은 훈민정음의 제자 원리, 제자 기준, 각 문자의 음가, 운용법, 표기례, 창제 이유 등에 관하여 상술하고 있으며, 그 구성은 다음과 같다.

① 예의 : ㉠ 어제 서문 ㉡ 예의
② 해례 : ㉠ 제자해 ㉡ 초성해 ㉢ 중성해
　　　　　㉣ 종성해 ㉤ 합자해 ㉥ 용자해
③ 정인지 후서

훈민정음해례본은 모두 33장으로 된 1책의 목판본으로, 판광(板匡)은 가로 16.8cm, 세로 23.3cm이다. 현재 국보 제70호로 지정되어 있으며, 간송문고에 소장되어 있다. '훈민정음'은 세종 16년(1434)에 주조된 기존의 초주 갑인자(初鑄甲寅字)체를 사용하지 않고, 고딕체 모양의 새로운 글자체(초주 갑인자 병용 한글자)를 주조하여 사용했다.

현전하는 '훈민정음'은 1940년 경 경북 안동의 이한걸씨 집에서 소장해 오던 것으로, 연산군의 언문탄압 정책을 피해 예의편의 앞부분 두 장이 찢어진 채로 전해지다가, 이한걸씨의 아들 용준씨가 송설체의 대가였던 안평대군(安平大君)체로 보사(補寫)하여 전한다. 이 과정에서 '세종실록'의 기록을 참고하였지만, 서문의 끝 부분을 '便於日用耳'에서 '便於日用矣'로 오기(誤記)하는 실수를 하였다. ■ Graphonomy

| 참고문헌 |

1) 신상순, 이돈주, 이환묵 편(1993), '훈민정음의 이해', 한신문화사.
2) 안병희(1976), <훈민정음의 이본>, 진단학보42, 진단학회.
3) 안병희(1992), '국어사 연구', 문학과 지성사.
4) 임용기(1991), <훈민정음의 이본과 언해본의 간행시기에 관하여>,
　　　　　　　갈음 김석득 교수 회갑기념논문집, '국어의 이해
　　　　　　　와 인식', 한국문화사.

2. 훈민정음 제자 원리

훈민정음은 철학과 과학이 어울어진 문자이다.

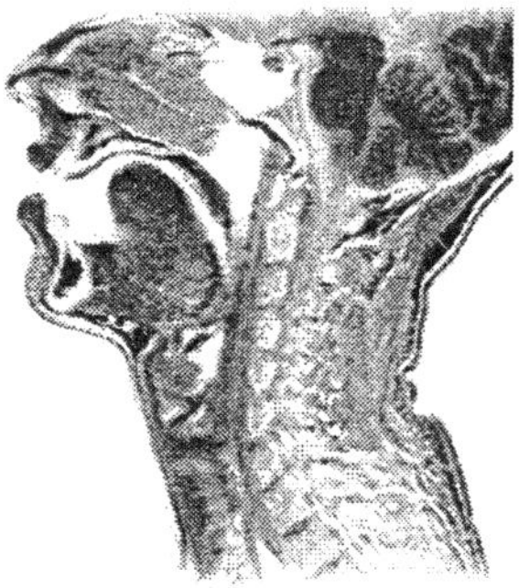

■ 훈민정음의 초성은 고유어를 표기하기 위한 17자 이외에 외래어나 외국어의 표기를 위한 순경음(脣輕音), 각자병서(各自竝書), 치두음(齒頭音), 정치음(正齒音) 문자가 있다.

각자병서 : ㄲㄸㅃㅆㅉㆅ
순 경 음 : ㅸㆄㅹㅱ
치 두 음 : ᄼᄽᅎᅏᅔ
정 치 음 : ᄾᄿᅐᅑᅕ

1) 상형(象形)의 원리

'훈민정음' 제자해(制字解)에서는 훈민정음이 상형의 원리로 제작되었음을 밝히고 있다.

正音二十八字 各象其形而制之

즉, "정음 28자는 모두 그 모양을 본떠 만든 것이다."라고 하여 훈민정음이 상형문자임을 분명히 한다.

㉠ 초성

제자해에서는 초성자 17자 가운데, 아・설・순・치・후 기본자 5자의 제자원리가 상형임을 밝히고 있다.

牙音 ㄱ 象舌根閉候之形
舌音 ㄴ 象舌附上之形
脣音 ㅁ 象口形
齒音 ㅅ 象齒形
喉音 ㅇ 象喉形

즉, "어금니소리 ㄱ은 혀뿌리가 목구멍을 막는 모양을 본뜨고, 혓소리인 ㄴ은 혀가 윗잇몸에 닿는 모양을 본뜨고, 입술소리인 ㅁ은 입의 모양을 본뜨고, 잇소리인 ㅅ은 이의 모양을 본뜨고, 목구멍소리인 ㅇ은 목구멍의 모양을 본뜬 것이다."라고 하여 각각 그 소리가 나는 발음기관을 상형하였음을 말하고 있다.

　　이렇듯 우리의 훈민정음 초성자는 오행(五行)의 원리에 따라 가장 안쪽에 있는 목구멍에서부터 가장 바깥쪽의 입술까지 발음기관의 모습(ㅇ ㅅ ㅁ)이나 혀의 움직임(ㄱ ㄴ)을 본뜬 상형문자이다. 그러나 나타내고자 하는 대상을 적접 본뜬 중국의 한자와 달리, 훈민정음은 발음기관을 본뜬 상형문자이다. 특히 소리마다 그 소리가 나는 발음기관의 위치를 정확히 인식하였고, 소리를 낼 때 움직이는 혀의 모습을 X-ray로 찍어놓은 듯한 ㄱ과 ㄴ의 글자체에서는 훈민정음 제작자의 해박한 언어학적 지식에 감탄할 뿐이다.

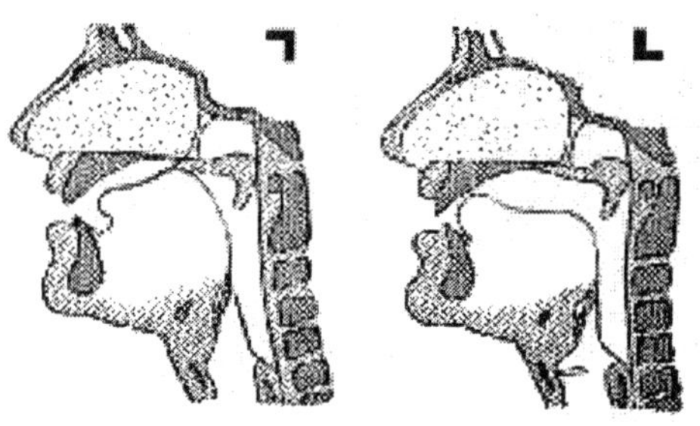

ⓛ 중성

　　제자해에서는 중성자 11자 가운데, 기본자 3자의 제자원리도 상형임을 밝히고 있다.

　　·　形之圓 象乎天
　　一　形之平 象乎地
　　ㅣ　形之立 象乎人

　　"·는 둥근 모양으로 하늘을 본뜨고, 一는 평평한 모양으로 땅을 본뜨고, ㅣ는 서 있는 모양으로 사람을 본뜬 것이다."라고 하여 중성자는 하늘·땅·사람의 삼재(三才)를 각각 상형한 것이다. 또한 ·는 하늘로서 양성이고, 一는 땅으로서 음성이다.

　　중성자는 주역(周易)에서 패(卦)를 해석할 때 가장 기본이 되는 하늘·땅·사람의 삼재 이론과 음양 이론이

■　훈민정음의 중성은 초출(初出)자와 재출(再出)자 11자 이외에 ㅣ자 합용, 2자 합용, 3자 합용 문자가 있다.

ㅣ자 합용 : ㅓㄴㅚㅐㅟㅔㅍㅒ
　　　　　　ㅛㅖ
2자 합용(同出合用) : ㅘㅝㅨㅫ
3자 합용(相隨合用) : ㅙㅞㅙㅞ

기초하고 있음을 알 수 있다. 이는 초성자의 오행이론과 함께 훈민정음의 문자 상형이 **태극·음양·오행**의 형이상학적인 철학적 배경을 가지고 있다는 것을 말한다. 그 위에 초성자는 **발음기관**을 상형함으로써 언어학적 이론을 배경으로 하고 있는데, 이는 훈민정음의 문자 상형이 철학적일 뿐만 아니라 또한 언어 과학적임을 알 수 있다. 따라서 단편적인 일부 글자꼴을 근거로 훈민정음의 기원설을 주장하는 것은, 훈민정음의 문자 체계가 이렇듯 유기적인 관련성을 가지고 철학적이고, 과학적이고, 체계적으로 제작된 것임을 간과하는 어리석은 주장이라 할 수 있을 것이다.

2) 가획(加畫)의 원리

훈민정음의 초성자 17자 가운데 기본자 3자를 제외한 나머지 12자는 기본자에 종선(縱線)과 횡선(橫線)의 획을 더하는 방식으로 만들어졌다. 이러한 가획의 원리는 공기의 통로를 막고 내는 소리인 폐쇄음(全淸)을 표시하거나 /h/음(氣)을 수반한 유기음(次淸)을 표시하기 위해 사용되었다. 즉 조음위치는 같지만 조음방법이 다른 음을 시각적으로 구분하기 위해 기본자에 가획을 한 것이다. 여기에서 우리는 훈민정음의 간편하고 체계적이며 과학적인 제자 원리를 다시 한 번 발견하게 된다. 즉, 상형의 원리로 **발음 위치**를, 가획의 원리로 **발음 방법**을 나타낸 것이다. 그리고 이 둘을 유기적으로 관련시켜 문자를 제작한 것이다.

이를 통해 우리는 훈민정음의 한 획 한 획이 철저하게 음소의 자질을 기준으로 만들어진 문자라는 것을 알 수 있다. 샘슨 G. Sampson이 훈민정음을 음소문자가 아닌 **자질문자**로 분류하고 있는 이유가 여기 있는 것이다. 즉, 획이 더해지면 음성 자질이 더 추가되어 소리가 세지는 것으로 볼 수 있다. 이 때 추가되는 음성 자질을 '훈민정음'에서는 '려(厲)'로 설명하고 있다.

不屬 → 屬		
ㄴ	ㄷ	ㅌ
ㅁ	ㅂ	ㅍ
ㅅ	ㅈ	ㅊ
ㅇ	ㆆ	ㅎ

　또한 이체자들도 가획의 원리로 설명해 볼 수 있다. ㅇ은 ㅇ에, ㄹ은 ㄴ에, ㅿ은 ㅅ에 획을 더한 가획자로 볼 수 있기 때문이다. 그러나 가획의 원리가 전청음이나 차청음을 표시하기 위한 것이므로, 불청불탁음인 이들 3자를 이체자로 분류한 것으로 생각된다.

調音位置	基本字	加劃字	異體字
牙(velar)	ㄱ	ㅋ	ㆁ
舌(dental)	ㄴ	ㄷㅌ	ㄹ
脣(bilabial)	ㅁ	ㅂㅍ	
齒(alveolar)	ㅅ	ㅈㅊ	ㅿ
喉(pharyngeal)	ㅇ	ㆆㅎ	

方法 ＼ 位置	牙音	舌音	脣音	齒音	喉音
全淸	ㄱ	ㄷ	ㅂ	ㅅㅈ	ㆆ
次淸	ㅋ	ㅌ	ㅍ	ㅊ	ㅎ
全濁	ㄲ	ㄸ	ㅃ	ㅆㅉ	ㆅ
不淸不濁	ㆁ	ㄴㄹ	ㅁ	ㅿ	ㅇ

　가획의 방법은 폐쇄음의 경우 1획을 더하였고, 유기음의 경우 2획을 더하였다. 이는 시각적인 구분을 염두에 둔 것으로 보이는데, 아음이나 설음처럼 글자 중간에 가획을 한다면 한자인 '日'자와 혼동이 생길 것이고, 종횡으로 선을 가획할 경우 사각형 글자꼴의 좌우대칭성이 떨어지기 때문이었을 것이다.

3) 결합(結合)의 원리

　훈민정음의 초성 체계에서는 병서법(竝書法)에 따라 각자병서(各自竝書) 6자(ㄲ ㄸ ㅃ ㅆ ㅉ ㆅ)자를 만들었고, 연서법(連書法)에 따라 순경음 4자(ㅱ ㅸ ㅹ ㆄ)를 만들었다.

　병서법은 전탁음을 표시하기 위한 것으로 자음의 낱자를 나란히 결합하여 만들었는데, 동일한 자음을 결합하는 각자병서와 함께 서로 다른 자음을 3개까지 결합하는 합용병서(ㅄ ㅴ ㅵ ㅶ ㅷ...)가 사용되었다. 연서법은 유성마찰음인 순경음(脣輕音)을 표시하기 위한 것으로 순음 아래에 ㅇ자를 결합함으로써 만드는데, ㅸ은 한국어에 사용하고 ㅱ, ㆄ, ㅹ은 동국정운식 한자음 표기에 사용했다.

　훈민정음의 중성체계에서는 3자의 기본자를 중심으로 기본자를 결합하여 초출자와 재출자를 만들었다.

基本字	初出字	再出字
·	ㅗ ㅏ	ㅛ ㅑ
―	ㅜ ㅓ	ㅠ ㅕ
ㅣ		

　초출자는 기본자를 2개 결합하여 만들었고, 재출자는 초출자에 다시 ㅣ모음을 결합하여 만들었다.

4) 철학(哲學)의 원리

　'훈민정음'의 제자해는 다음과 같은 말로 시작된다.

　天地之道, 一陰陽五行而已. ... 人之聲音, 皆陰陽之理.
　하늘과 땅의 도리는 음양과 오행이다. ... 사람의 말소리는 다 음양의 이치이다.

　훈민정음의 초성과 중성의 제자 원리에는 이러한 음양오행의 철학의 원리가 들어 있다.

　㉠ 초성

　무릇 사람이 소리를 내는 것은 오행(五行)에 근본이

있는 것으로, 훈민정음의 초성 기본 5자는 이러한 오행의
원리와 계절, 방위, 색깔, 성질 등에 관련되어 있다.

字形	音名	五行	五時	五音	五位	五色	性質	五常	五臟
ㄱ	牙	木	春	角	東	靑	曲直	仁	肝
ㄴ	舌	火	夏	徵	南	赤	炎上	禮	心
ㅁ	脣	土	季夏	宮	中央	黃	稼穡	信	脾
ㅅ	齒	金	秋	商	西	白	從革	義	肺
ㅇ	喉	水	冬	羽	北	黑	潤下	智	腎

목구멍(喉)은 입안의 가장 깊은 곳에 있고, 젖어 있으
므로 오행에서 보면 물이다. 물이 맑아 훤히 들여다보이고
두루 통하듯이, 목구멍 소리는 허(虛)하고 두루 통(通)한
다. 계절로는 겨울에 속하고, 오음으로는 우(羽)음에 속한
다.

어금니(牙)는 어긋나고 길어서, 오행의 나무(木)에 해
당한다. 어금니 소리는 목구멍 소리와 비슷해도 실(實)하
기 때문에 나무가 물에서 생겨나지만 형체가 있는 것과
같다. 계절로는 봄에 속하고, 오음으로는 각(角)음에 속한
다.

혀(舌)는 날카롭고 움직임이 많아서 오행의 불(火)에
해당한다. 혀 소리가 구르고 날리는 것은 불이 이글거리
며 활활 타오르는 것과 같다. 계절로는 여름에 속하고, 오
음으로는 치(徵)음에 속한다.

이(齒)는 단단하고 무엇을 끊으니 오행의 쇠(金)에
해당한다. 이 소리가 부스러지고 걸리는 것은 쇠가루가
단련되어 쇠를 이루는 것과 같다. 계절로는 가을에 속하
고, 오음으로는 상(商)음에 속한다.

입술(脣)은 모나지만 합해지므로 오행의 흙(土)에 해
당한다. 입술소리가 머금고 넓은 것은 흙이 만물을 감싸
고 넓은 것과 같다. 계절로는 늦여름에 속하고, 오음으로
는 궁(宮)음에 속한다.

ⓛ 중성

훈민정음의 중성 기본 3자를 주역의 원리와 성질, 혀의 위치와 상태 등에 따라 살펴보면 다음과 같다.

字形	周易	狀態	位置	音感	性質	時間
·	天	舌縮	後舌	深	陽性	子時
―	地	舌小縮	中舌	不深不淺	陰性	丑時
ㅣ	人	舌不縮	前舌	淺	中性	寅時

·는 혀가 오그라져 소리가 깊으니 하늘이 자시(子時)에 열린 것과 같이 맨 먼저 만들어졌다. 둥근 모양은 하늘을 본떴다.

―는 혀가 조금 오그라져 소리가 깊지도 얕지도 않으니 땅이 축시(丑時)에 열린 것처럼 2번째로 만들어졌다. 평평한 모양은 땅을 본떴다.

ㅣ는 혀가 오그라지지 않아 소리가 얕으니 사람이 인시(寅時)에 생긴 것처럼 3번째로 생겼다. 일어선 모양을 한 것은 사람을 본떴다.

·는 하늘수 5로 흙을 낳는 자리이고, ―는 땅수 10으로 흙을 성숙시키는 자리이다. ㅣ는 사람이 무극(無極)이기 때문에 자리수가 없다. ·는 위나 밖에 있으면 그것이 하늘에서 생겨나 양(ㅗㅏ)이 되고, 아래나 안에 있으면 그것이 땅에서 생겨나 음(ㅜㅓ)이 된다.

또한 자음 문자가 초성이 되기도 하고, 종성이 되기도 하는 것은 만물이 땅에서 처음 나서 다시 땅으로 돌아가는 이치와 같다. 초·중·종성이 어울려 글자를 이루는 것은 움직임과 멎음이 서로 근본이 되어 음과 양이 어우러져 바뀌는 뜻이 있으니 움직이는 것은 하늘이요, 멎어 있는 것은 땅이며, 움직임과 멎음을 겸한 것은 사람이다.

초성에는 일어나 움직이는 뜻이 있으니, 이는 하늘이 하는 일이며, 종성에는 멎어 정하게 하는 뜻이 있으니, 이

는 땅이 하는 일이다. 중성은 초성의 생김을 이어 종성의
이룸에 잇대주니 사람이 하는 일이다. 대개 음절의 허리
는 중성에 있는데, 초성과 종성을 어우러 소리를 이룬다.
이는 역시 하늘과 땅이 만물을 생성하되 그 조절과 보충
은 반드시 사람에 의한 것과 같다. ■ Graphonomy

| 참고문헌 |

1) 김완진(1983), <훈민정음 제자경위에 대한 새 고찰>, 김철준
   박사회갑기념사학논총, 지식산업사.
2) 문효근(1993), '훈민정음 제자원리', 세종대왕기념사업회.
3) 안병희(1990), '훈민정음의 제자원리에 대하여', 강신항교수
   회갑기념 국어학논문집, 태학사.
4) 이승재(1991), <훈민정음의 언어학적 이해>, 언어16-1, 한
   국언어학회.
4) 이환묵(1987), <훈민정음 모음자의 제자원리>, 언어12-2,
   한국언어학회.

훈민정음은 신비한 동양적 언어관의 산물이다.

     조선왕조는 개국과 더불어 친명정책(親明政策)을 펼치면서, 구제도의 사상적 배경을 이루고 있던 불교를 배척하고, 유교사상을 새로운 통치이념으로 받아들였다. 특히 세종조에 이르러서는 유교의 기반이 갖추어짐에 따라 집현전(集賢殿)을 설치하여 유학에 대한 체계적인 연구와 교육이 활발하게 이루어졌다. 이 과정에서 문자에 대한 이론이 축적되었고, 고유한 문자의 필요성을 느끼게 되었을 것이다.

     '훈민정음'의 제자(制字) 및 그 결합의 사상적 배경은 당시 유교의 성리학(性理學) 이론인 삼극지의(三極之義)와 이기지묘(二氣之妙)에 바탕을 두게 된다. 삼극은 천·지·인 삼재를 말하고, 이기(二氣)는 음과 양을 말한다. 성리학은 태극도설(太極圖說)을 지은 송대의 주돈이(周敦頤)에 의해서 집대성되었는데, 그에 따르면 **태극**(太極)에서 음과 양이 생성되고, **음양**이 변하고 합하여 **오행**(五行)이 생성된다. 이러한 사상은 훈민정음의 자음 문자와 모음 문자에 그대로 반영되었다.

     또한 중국의 전통적인 고대 **운서**(韻書)들이 훈민정음 창제에 직접·간접으로 영향을 주었다. 고대 중국에서는 자음(字音)을 이분법에 따라 성(聲)과 운(韻)으로 나누고, 반절법(半切法)에 따라 표시하였는데, **반절법**은 육조(六朝)시대에 인도에서 불교와 함께 들어온 산스크리트어(梵語)의 영향을 받은 것으로 '東'을 '德紅'으로 표시하는 방법이다. 이는 '德'의 성모(聲母) [t]와 '紅'의 운모(韻母) [uŋ]을 결합하여 '東'[tuŋ]이란 자음을 표시한 것이다.

　　반절 가운데 성모를 표시하는 글자를 반절상자(反切上字)라 하며, 운모를 표시하는 글자를 반절하자(反切下字)라 한다. 그러나 반절법은 자소의 배열이나 자음 표시 방법으로는 적절하지 않았다. 이러한 반절법의 한계를 극복하기 위해 중국 음운학에서 성(聲)과 운(韻)의 결합으로 중국어의 자음(字音)을 나타낼 수 있도록 마련한 등운학(等韻學)이 등장하였다. 한자의 발음을 객관적으로 표시하기 위해 고안한 등운도(等韻圖)는 성모(聲母)를 무성(無聲)과 유성(有聲)의 차이에 의하여 청(淸)·탁(濁)으로 나누고, 운모(韻母)를 벌리는 입의 대·소에 따라 4종류로 나누어 분류하였다.

　　등운도는 당나라 말기부터 송나라에 걸쳐 중국어 음계 안의 여러 가지 음운론적 대립을 체계적으로 정리하여, 중국어의 36자모와 이에 해당하는 한자를 배열함으로써 성모와 운모가 도표 위에서 서로 만나 어떤 자음을 나타내는지를 보이도록 꾸민 도표이다. 36자모에서는 성모를 순·설·아·치·후·반설·반치의 7음으로 나누고, 다시 청(全淸)·차청·탁(全濁)·청탁(淸濁:次淸)으로 나누었다.

　　이처럼 훈민정음은 음성학적으로 BC 4세기 인도 파니니의 음성학 이론까지 거슬러 올라가는 중세 중국 **성운학**(聲韻學)에 기반을 두고 있다. 또한 다른 한편으로는 당시 언중들의 구어에 대한 어문학자들의 직접적인 관찰 및 그것의 음운학적 체계탐구, 그리고 한국어 한자음과 당시의 중국어 한자음에 대한 대조 연구('東國正韻', '洪武正韻譯訓' 등)에 기반을 두고 있다. 즉, 동양 음운학의 영향을 많이 받으면서도 우리만의 현실적이고 독자적인 언어관을 가졌음을 알 수 있다. 예를 들면, 중국의 반절법의 불합리성을 깨닫고 초·중·종 3성으로 분리하여 결합하는 음절법을 마련한 것이라든가, 무엇보다도 아시아 제 민족의 문자가 대개는 한자를 기반으로 하여 만들어졌지만 우리는 훈민정음이라는 독창적 문자를 갖게 된 것을 보아도 이를 잘 알 수 있을 것이다. ■ Graphonomy

■ 초성도 : 왼쪽은 하늘(ㅇ)과 땅(ㅁ)의 평면도이고, 오른쪽은 머리 배 다리의 입체도이다.

■ 중성도 : 내부는 초출자 ㅓㅏㅗㅜ이고, 외부는 재출자 ㅕㅑㅛㅠ이다.

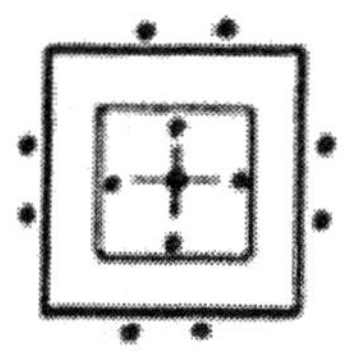

| 참고문헌 |

1) 강신항(1984), '국어학사', 보성문화사.
2) 박지홍(1988), <훈민정음에 나타난 역학적 배경>, 훈민정음의
　　이해, 한신문화사.
3) 유창균(1991), '국어학사', 형설출판사.
4) 이광호(1991), <문자 훈민정음의 논리성>, 국어의 이해와 인
　　식, 한국문화사.
5) 이병근(1977), <음운론 측면에서 본 문자언어의 기능>, 어학
　　연구13-2, 서울대학교 어학연구소.
6) 이익섭(1977), <사고면에서 본 문자의 기능>, 어학연구13-2,
　　서울대학교 어학연구소.

4. 훈민정음과 각필 부호

훈민정음과 각필은 어떤 관계인가?

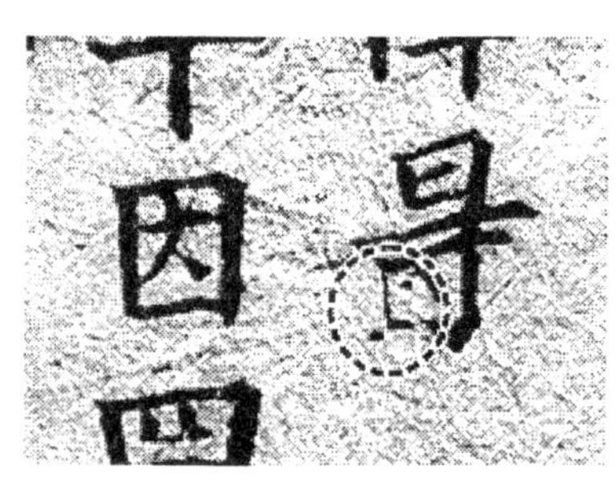

■ 角筆 : 각필은 동아시아 한자문화권에서 공통적으로 발견되고 있는 필기법으로 한자의 효과적인 독해를 위해 날카롭게 깎은 대나무로 꾹꾹 눌러 찍은 각종 부호들이다.

세종 26년(1444) 최만리의 반대상소문에는 다음과 같은 구절이 있다.

諺文皆本古字　非新字也則字形雖倣古之篆文　用音合字盡反於古　實無所據(세종실록 券103)

또한 세종 28년(1446) '훈민정음'의 정인지 후서에는 다음과 같은 구절이 있다.

象形而字倣古篆(세종실록 券 113)

이러한 기록들은 훈민정음의 글자꼴이 다른 고대 문자에서 영향을 받은 것임을 의미한다. 모든 문자는 기본적으로 기존의 문자를 모방하여 만들어질 수 있기 때문에 완전히 독창적인 문자는 있을 수 없다는 생각과, 문자의 영향 관계는 글자의 모양에서 찾을 수 있다는 생각을 전제로 훈민정음 해례본이 발견되기 전까지 대체로 외국문자(중국, 인도, 티벳, 파스파, 몽고 등) 기원설이 제기되었다. 그러나 훈민정음 해례본이 발견되면서, 발음기관을 상형하여 자음 문자를 만들고, 삼재를 상형하여 모음 문자를 만들었음이 밝혀졌다. 따라서 일부 글자꼴의 형태가 동일하다거나 유사하다는 것만으로 훈민정음 글자꼴의 기원을 설명하려는 학설은 더 이상 설득력을 가질 수 없게 되었다.

그런데 새롭게 제기되고 있는 훈민정음이 각필 부호에서 비롯됐다는 각필 부호 기원설은 각필과 훈민정음 글자 꼴의 유사성은 물론 시기상으로 각필이 훈민정음 창제 이전에 널리 사용되었다는 점에서 설득력을 가질 수 있다. 더욱이 일본 히로시마 대학의 小林芳規 교수가 *AD* 11세기경의 문헌인 '초조대장경(初雕大藏經)'에서 각필 흔적을 발견하고, 이 각필 부호가 고대 일본 문헌에 나타나는 訓點의 원조일 수도 있다는 학설을 제기함에 따라, 각필 부호 기원설이 본격적으로 논의되기 시작하였다.

각필 부호는 고려시대 한자로 쓰여진 불교 경전을 쉽게 읽고 해석하기 위해 원문인 한자의 옆에 토(吐)를 달았는데, 이 토는 각필로 점을 찍든가, 선을 그어서 표시하였다. 일반적으로 이들 부호는 문장 부호나 어미, 조사를 나타냈는데 훈민정음의 일부 글자 모양과 유사하다. 현재까지 발견된 각필문자 유물은 고려 시대 문헌인 '초조대장경', '화엄경'을 비롯하여 신라말~고려초 유물로 추정되는 '묘법연화경' 등에서 쉽게 찾아볼 수 있다.

특히 각필 부호 기원설을 주장하는 이승재는 훈민정음 창제 당시, 모음 문자 가운데 붓글씨로 쓰기에 적합하지 않은 'ㆍ' 문자가 있었음을 지적하고, 1446년의 '훈민정음'이나 1447년의 '석보상절'의 글자꼴은 붓으로 기록했다기보다 막대기 같은 도구로 기록했음을 지적한다. 예컨대 한자를 둘러싸고 있는 각종 문장 부호 표시 모양에 훈민정음 자음에 해당하는 ㄱ, ㄴ, ㄷ, ㅁ, ㅇ이 나타나고, 또한 조사, 어미 등의 역할을 한 점과 종선과 횡선의 결합으로 훈민정음 초기 당시의 모음을 보는 듯한 모습을 찾아볼 수 있다. 더욱 확실한 것은 ㅛ, ㅠ, ㅕ, ㅑ의 옛날 형이 그대로 나타나 있는 것이다.

이러한 글자들의 일치가 문장 부호 표시로 사용되기에 적합한 모양 때문에 생겨난 우연의 일치인지, 아니면 이러한 각필 부호가 훈민정음 제자에 어떤 영향을 미쳤는지는 더 검토해 보아야 할 것이다. 따라서 앞으로의 과제는 각필 부호를 어떻게 훈민정음에 활용했는지를 규명해야 한다. 아울러 각필 부호의 제자 원리 또한 밝혀내야

할 것이다.

　우리는 훈민정음의 제자 원리가 '훈민정음'에 명확히 제시되어 있고, 또한 그 구성 원리가 전체적으로 조직적이고 유기적인 관련성을 가지며, 과학적이고 체계적이고 철학적인 것으로 논리의 허점이 없다는 것을 잘 알고 있다. 그러므로 각필 부호 몇 개가 훈민정음과 일치한다고 해서 훈민정음 제자 이론인 상형의 구성 원리를 뒤집을 수는 결코 없을 것이다. 다만 아시아 제 민족의 문자가 한문을 읽고 이용하는 과정에서 발생하였다는 전반적인 경향을 생각할 때, 각필 부호가 우리의 문자 생활에도 미쳤을 영향은 고려해 볼 수가 있을 것이다. 그렇다면 왜 '훈민정음'에 각필 부호에 대한 언급이 한 마디도 나오지 않았는지는 여전히 의문으로 남는다.

　이러한 시점에서 우리가 다시 한 번 검토해 보아야 할 문제는 '훈민정음'의 '象形而字倣古篆'이라는 기록이다. 유창균(1987)에서는 '**象形**'은 글자의 구성을, '**字倣古篆**'은 글자의 형태를 뜻하는 것으로 해석하고 있다. 이는 '玉篇廣韻指南'에서도 한자의 구성을 말하는 '六書'와 한자의 형태를 말하는 '八體'를 함께 기술하고 있다는 것이다. 六書에는 '象形, 會意, 形聲, 指事, 假借, 轉注'가 있고, 八體에는 '大篆, 小篆, 刻符, 蟲書, 摹印, 署書, 殳書'가 있다. 그러므로 훈민정음의 '象形'은 글자의 구성에 관한 원리로, '字倣古篆'은 글자의 형태에 관한 원리로 이분화해서 생각해 볼 필요가 있을 것이다. 이러한 관점에서 해석해 본다면 각필 부호는 훈민정음의 글자 형태에 관계되는 것으로 구성 원리인 상형 이론과 배치되는 것은 아닐 것이다.

　훈민정음은 지구상에 존재하는 모든 문자 중에서 가장 우수한 문자로 논의되고 있는 인류의 훌륭한 문화적 자산이다. 이러한 문자를 가진 우리로서는 이를 문자론적 관점에서 더욱 깊이 연구하여야 할 의무가 있는 것이다.

■ Graphonomy

| 참고문헌 |

1) 小林芳規(2001), <한국의 각필점과 일본의 고훈점과의 관계>,
    제2회 국제학술대회, 구결학회.
2) 윤행순(2001), <한국의 부호구결과 일본의 오코토점에 대하여>,
    제25회 구결학회 공동연구회 발표논문집, 구결학회.
3) 이승재(2001), <부호자의 문자론적 의의>, 제2회 국제학술대회,
    구결학회.

제8장 세종 이후 훈민정음론

세종과 훈민정음

    세종은 한국 역사에서 가장 돋보이는 역사적 인물이다. 조선의 4번째 왕이기도 하고, 훌륭한 언어학자이기도 했던 세종은 주변국의 문자에 관심을 갖고 연구하여 우리에게 세계인이 감탄하는 훈민정음이라는 문화유산을 남겼다. 우리는 세계인에게 부끄럽지 않도록 그 뜻과 문자의 의미를 되새겨야할 의무가 있다.

1. 최세진과 훈몽자회

최세진은 실용주의자이다.

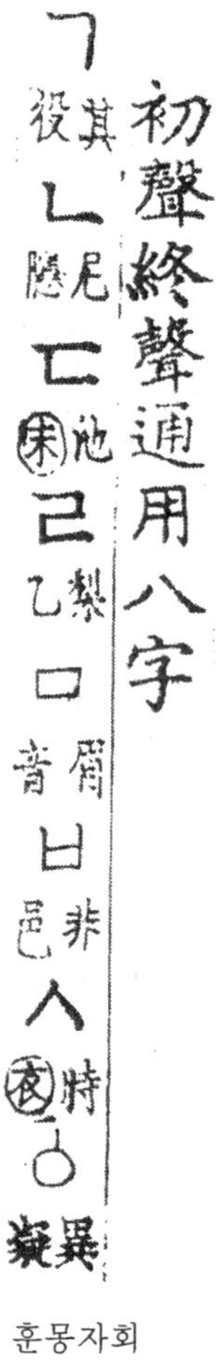

初聲終聲通用八字

ㄱ 其役
ㄴ 尼隱
ㄷ 池末
ㄹ 梨乙
ㅁ 眉音
ㅂ 非邑
ㅅ 時衣
ㆁ 異凝

훈몽자회

　　세종 이후 세조와 그 이후에도 언해서들이 간행되기는 하였으나, 조선 시대 어학 연구는 훈민정음 창제를 전후로 하여 10여 년간 활발했다가 부진한 상태에 놓였다. 한글은 세종의 찬란한 업적이었음에도 불구하고 그 보급면에 있어서는 성공적인 것은 아니었다. 그 이유는 무엇보다도 당시의 지배층인 유학자들에게 환영을 받지 못했기 때문이다. 신문자 제정이 그들에게는 그렇게 절실한 문제가 아니었다. 그들에게는 이미 능히 의사를 표시할 수 있는 한문이 있었다.

　　이러한 시기에 중국어에 능하면서 훌륭한 중국어 학자였던 최세진의 업적은 중요한 것이었다. 그는 이문(吏文)과 한어(漢語)에 능통하여 중국어 및 한글 관계 여러 서적을 저술하였다. '번역노걸대(飜譯老乞大)', '번역박통사(飜譯朴通事)'등의 중국어 학습 서적, 중국 운서인 '사성통해(四聲通解)', 이문(吏文) 참고서인 '이문집람(吏文輯覽)' 등을 저술하였다. 그러나 무엇보다도 우리의 관심을 끄는 것은 한글에 관한 그의 업적으로 1527년에 저술한 **훈몽자회(訓蒙字會)**'이다. 이 책은 한글로 한자의 음훈을 달아 놓은 아동을 위한 한문 교과서로 학술서적은 아니나, 그 책 범례(凡例)에 한글 표기법에 관한 다음과 같은 몇 가지 원칙이 기록되어 있다.

　1) 諺文字母俗所謂反切二十七字

　　위 글은 범례의 제목인데, 우선 훈민정음의 명칭이 '언문' 혹은 '반절'로 나타나고, 28자에서 27자로 되어 있

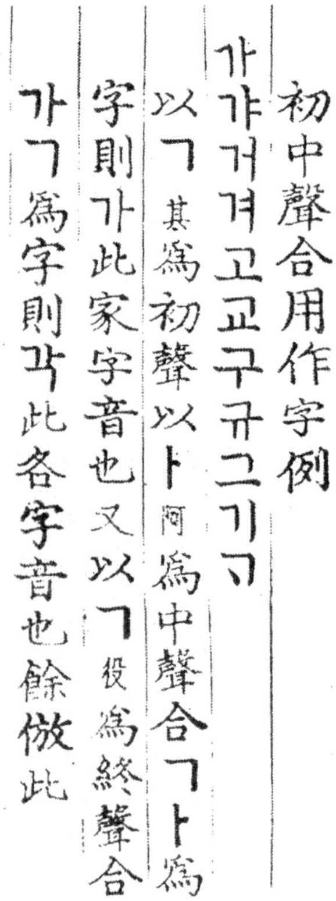

다(잘 쓰이지 않은 ㆆ 제외). 이러한 것들은 최세진이 처음으로 정한 것이 아니고 그 당시의 실정을 말하는 것으로 보아야 한다.

2) 각 낱자의 이름을 기록하고 새롭게 순서를 정하였다.

초성 종성 통용 8자 : ㄱ(其役), ㄴ(尼隱), ㄷ(池末), ㄹ(梨乙)
ㅁ(眉音), ㅂ(非邑), ㅅ(時衣), ㅇ(異凝)
초성 독용 8자 : ㅋ(箕), ㅌ(治), ㅍ(皮), ㅈ(之), ㅊ(齒), ㅿ(而), ㅇ(伊), ㅎ(屎)
중성 독용 11자 : ㅏ(阿), ㅑ(也), ㅓ(於), ㅕ(餘), ㅗ(吾), ㅛ(要), ㅜ(牛), ㅠ(由), ㅡ(應), ㅣ(伊), ㆍ(思)

(이상 밑줄 친 자는 훈독자임)

위의 순서는 훈민정음 제정 당시의 차례와는 판이하게 다른데, 그 당시에는 초성은 아·설·순·치·후 순서로, 중성은 하늘·땅·사람 순서로 배열되었다. 이는 최세진이 실용성을 중심으로 재배열한 것이다. 즉, 초성은 아·설·순·치·후의 순서로 하면서도 쓰임이 많은 초성과 종성으로 다 쓰이는 글자를 앞으로 배열하였고, 중성은 개구도가 큰 순서로 배열하면서도 'ㆍ'를 맨 뒤로 배열한 것도 실용성을 배려한 것으로 볼 수 있다. 이러한 이름과 차례는 그 후 변하지 않고 오늘날까지 쓰이고 있다.

3) 초성과 중성, 초·중·종성의 합용례를 쉽게 예시하였다.

① 가, 갸, 거, 겨, 고, 교, 구, 규, 그, 기, ㄱ
② 간(肝), 갇(笠), 갈(刀), 감(柿), 갑(甲), 갓(皮), 강(江)

(이상 밑줄 친 자는 훈독자임)

위의 용례는 초성+중성, 초성+중성+종성의 합자를 통하여 한글을 누구나 쉽게 터득할 수 있는 방법을 예시하였다.

이상에서 살펴보듯이 훈민정음의 제정 후에 이렇다

初中聲合用作字例
가갸거겨고교구규그기ㄱ
以ㄱ其爲初聲以ㅏ阿爲中聲合ㄱㅏ爲
字則가此家字音也又以ㄱ役爲終聲合
가ㄱ爲字則각此各字音也餘倣此

훈몽자회 합용례

할 연구가 이루어지지 않은 상태로 위축당해 있던 문자의 보급이 최세진을 통하여 실용화되고 백성들에게 쉽게 다가갈 수 있는 계기가 마련되었다고 평가할 수 있다. 물론 '훈몽자회'가 한자를 익히기 위한 학습서로서 한글 보급을 위한 것은 아니었지만, 우리의 문자를 실용적인 목적으로 정리하고 이를 쉽게 익힐 수 있는 방법을 제시하였다고 볼 수 있는 것이다. ■ Graphonomy

| 참고 자료 |

1) 강신항(1984), '국어학사', 보성문화사.
2) 국어국문학 총림(1985), '訓蒙字會', 대제각

2. 실학자들의 정음 연구

실학자들의 정음에 대한 열정이 어학 연구의 문예 부흥기를 불렀다.

최세진 이후 약 100년간이나 잠잠했던 우리의 어학 연구는 17세기 중엽부터 다시 살아나는데, 그것은 당시의 시대 조류였던 실학의 열풍을 타고 왔다. 성종 이후 사회가 안정되고 조선 시대 최고의 이념이었던 **성리학**(性理學)이 깊이 연구되고 **역학**(易學)이나 **수리론**(數理論)의 연구도 크게 발달하였다. 성리학의 연구는 '성리대전(性理大典)'을 연구하게 하였으며, 그 결과 성음(聲音) 이론에 눈을 돌리게 되었다. 이러한 어학 연구의 실마리를 개척한 학자들은 대개 양영학(陽明學)파에 속하는 실학자들이었다. 대표적인 학자로는 최석정, 정제두, 박성원, 홍계희, 이사질, 신경준, 홍양호, 황윤석 그리고 유희를 들 수 있다.

이와 같이 재흥(再興)된 어학 연구는 중국 음운학의 연구를 더욱 진전시키는 한편, 당시의 실학적 학풍의 영향을 받아 우리말과 글자를 함께 연구하기 시작하였다. 이러한 학문적 경향에 따라 훈민정음이 상형의 원리에 의해 창제되었다는 **상형설**이 더욱 발전하였으며, 일부 학자들 중에는 발음에 더 필요한 일부 문자를 창안(박성원의 '◇'자, 신경준의 'ㅁ'자 등)하기도 했다. 더욱이 자음자와 모음자가 결합하여 표시할 수 있는 자수(字數)를 계산하는 시도도 있었으며(유희), 많은 학자들이 정음의 기원에 대하여 열띤 논의를 하였다. 이러한 연구는 초기에 운학에 부수되는 부호로써 연구되었으나 차츰 운학에서 벗어나 우리 고유의 문자 연구에 독자적인 한 영역을 이루게 되었다.

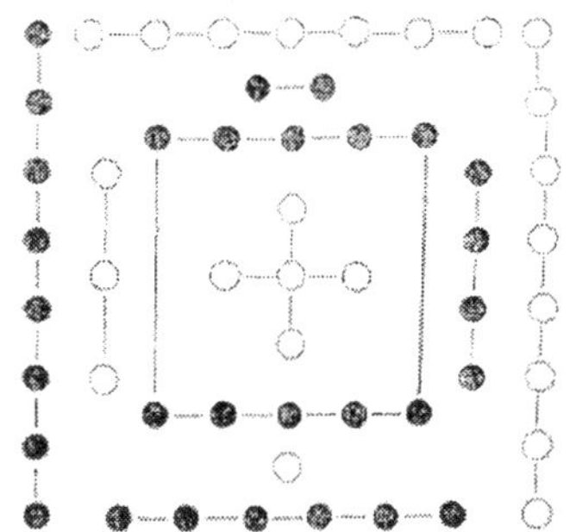

황극경세서의 하도(河圖)

1) 최석정의 '경세정운(經世正韻)' 1678

'경세정운(經世正韻)'은 최세진 이후 잠잠하던 어학연구에서 처음으로 이루어진 저술로서 훈민정음의 원리에 대한 연구와 운도(韻圖) 작성에 심혈을 기울이게 하였다. 그의 운도는 송나라 소옹(邵雍)의 '황극경세성음창화도(皇極經世聲音唱和圖)'를 기본으로 한 것이었다. 소옹은 음운을 사람의 몸이 구현된 것으로 보았으며, 이러한 음운의 보편적 구조를 운도로 작성하였다. 최석정은 소옹의 이론에 따라 훈민정음을 재조명하고 훈민정음을 통하여 음운의 보편적 구조를 구명해 보고자 하였던 것이다. 이 도식의 구조는 음운의 서열과 계열을 기술하였으며 역학의 원리에 따라 미리 정해진 구조 속에 성과 음을 배열하였다. 이것은 현실음의 체계를 기술하기보다는 천지 본연의 소리, 보편적 음운 체계의 기술을 목표로 하고 있다. 이 구조를 통하여 천지 본연의 소리의 수를 밝히고 나아가 우주의 원리를 설명하려고 하였던 것이다.

그는 훈민정음 28자를 '列宿의 象'이라 하여 '열숙상형설'을 주장하였다. 초성은 오행상생의 차례에 따라 배열되고(아·설·순·치·후), 중성에는 태극·음양·8괘(ㅏ ㅑ ㅗ ㅛ ㅓ ㅕ ㅜ ㅠ)의 상이 있다고 하였다.

2) 박성원의 '정음통석(正音通釋)' 1748

'정음통석(正音通釋)'은 '화동정음(華東正音)'이라고도 하는데, 음운론적으로 우리 음을 중국음과 비교 기술함으로써, 우리나라 한자음이 정도에서 벗어난 것이 많음을 지적하고 이를 바로 잡는 것을 목적으로 하고 있다.

먼저 오음 초성도라 해서 현실음을 바탕으로 17음을 들고 있다.

각 아음 ㄱ ㅋ ㆁ
치 설음 ㄷ ㅌ ㄴ   반설음 ㄹ

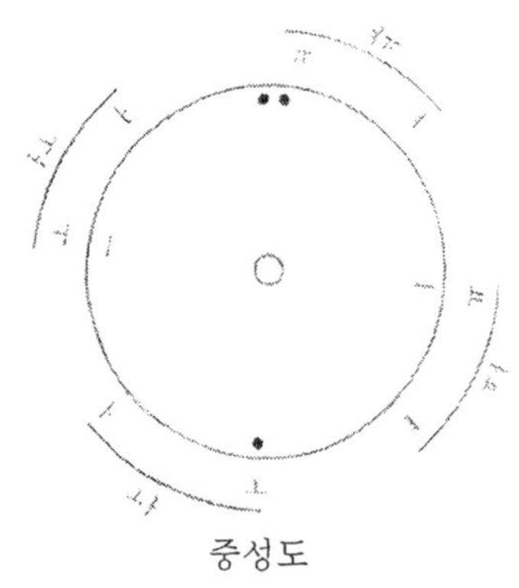

중성도

상　치음　ㅈ　ㅊ　ㅅ
우　순음　ㅂ　ㅍ　ㅁ　◇
궁　후음　ㅇ　ㅎ　　　　　반후음　△

　①　훈민정음의 '아·설·순·치·후'의 순서에서 치음과 순음의 순서가 바뀌었다.
　②　'ㆆ'자가 없어진 대신 '◇'자가 새로 만들어져 17자를 그대로 유지하였다.('◇'는 'ㅱ'를 대신하며 중국음 w를 표기하는 데 쓰임)
　③　'ㆁ ㅇ ◇'의 세 음을 굳이 구별할 필요가 없다고 하였다.
　④　'△'을 반치음으로 보지 않고, 반후음으로 보았다면 [ɦ]의 유성음으로 파악했을 가능성이 있다. 이는 '△'이 반치음 [z]에서 이미 소실하여 [Ø]에 가까운 음이 되었을 가능성을 말해 준다.

3) 신경준의 '운해(韻解)' 1750

　'운해(韻解)'는 '훈민정음운해' 또는 '훈민정음도해'라고 불리는데, 이는 훈민정음이라는 표음문자를 한자음 표기에 적합하도록 정리하여 난해한 등운학으로 운도를 작성한 것이다. 이 역시 소옹의 '황극경세성음도'를 본보기로 하였다. 초성도는 중앙의 기본 문자인 'ㅇ'으로부터 여러 문자가 생성 발달해 가는 과정을 원으로 표시하였으며, 초성의 자형을 오행(수 목 화 금 토) 상형과 입술과 혀(脣舌) 작용(발음기관) 상형의 두 가지 상형설로 설명하였다. 'ㅇ ㆁ ㄴ ㅅ ㅁ'을 각각의 기본자로 함으로써 아음의 기본을 'ㄱ'이 아닌 'ㆁ'으로 하였다. 중성도 에서도 태극으로부터 모음들이 생성 발달해 가는 과정을 표로 보였으며(·→ㅡ, ··→ㅣ), 모음자도 입술과 혀의 작용 상형설에 입각하여 모음자의 자형에 대하여 설명하였다. 즉, 기본자 'ㅇ'과 '·'에서 모든 초성자와 중성자가 생성 발달하였다고 설명하고 있다. 한편 신경준은 훈민정음 이전에도 한국에 고대문자가 존재하였다고 주장하는 학자 가운데 하나이다.

4) 이사질의 '훈음종편(訓音宗編)' 영조시대

'훈음종편(訓音宗編)'은 훈민정음에 관한 본격적인 연구로, 운학으로서가 아닌 훈민정음 그 자체를 연구 대상으로 삼았다. 그러나 소옹의 이론을 중요시하고 연구의 핵심도 신경준처럼 훈민정음의 상형설에 있었다. 그의 원방(圓方) 상형설은 모든 자형이 하늘의 둥근 모습과 땅의 네모난 모습의 조화라고 하였다. 즉, 훈민정음의 모든 자형을 ㅇ → ·(하늘의 둥근 모습의 축약), ㅁ → ㅡ (땅의 네모난 모습의 생략)으로 설명하였다. 'ㅇ'과 'ㅁ'의 조화로 초성 17자가 만들어졌으며, '·'와 'ㅡ'의 조화로 중성 11자가 만들어졌다는 것이다. 또한 그는 초성에 대하여는 자모(字母)라는 명칭이 있으니, 중성에 대하여 자부(字父)라 함이 옳다고 하였다.

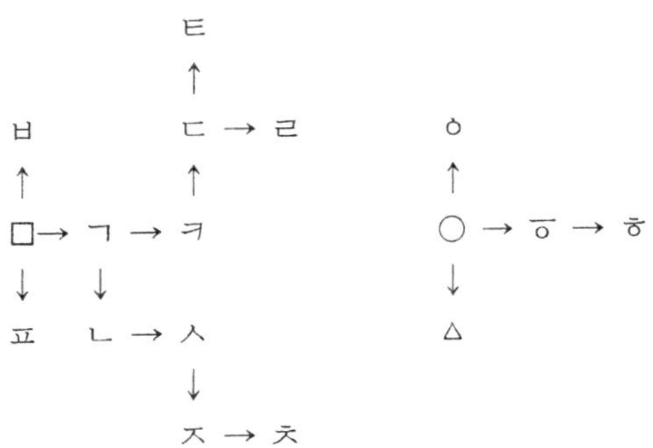

5) 유희의 '언문지(諺文志)' 1824

'언문지(諺文志)'는 한자음을 표기하기에 알맞은 언문자를 교정하기에 힘쓴 저서이지만, 그 과정에서 당시의 국어에 대하여 어학자로서 예리한 관찰을 보여주고 있다. 서문의 첫머리에서 표음문자로서의 언문의 우수성을 강조하였다. 언문이 정확한 표음문자 구실을 할 수 있으며 언문을 소홀히 하지 말 것을 부탁하고, 언문이 한문보다 두 가지 점에서 우수하다고 말하고 있다. 첫째는 언문자의 수효가 얼마 안 되어도 수많은 음을 표기할 수가 있다는 점, 둘째는 잘못 읽히는 수가 없다는 점을 지적한다.

① 초성예 : 초성 25모를 선정하였는데, 이는 훈민정음 17 초성에 'ㄲ ㄸ ㅃ ㅉ ㅆ ㆅ'과 'ㅸ ㅹ'이 추가된 것이다. 또한 훈민정음의 몽고문자 기원설을 말하고 있다.

② 중성예 : 모음자를 15형으로 'ㅏ ㅑ ㅘ ㆇ ㅓ ㅕ ㅝ ㆊ ㅗ ㅛ ㅜ ㅠ ㅡ ㅣ'를 들고, 변례형으로 'ㅐ ㅔ ㅒ' 등의 오른 쪽에 더해지는 'ㅣ'형을 들고 있다. 또한 소멸하는 'ㆍ'를 'ㅏ'와 'ㅡ'의 간음이라고 하였다.

③ 종성예 : 종성은 오음 중에서 아·설·순음만 될 수 있다고 하며 8종성을 든 뒤, 'ㅇ ㅱ ㅸ ㆆ ㅿ' 등도 한 자음 표기에 사용되었음을 말하였다. 'ㅇ'대신 'ㆁ'을 써야 하고, 'ㅸ ㅱ ㆆ ㅿ ㅅ' 등이 불필요하며 'ㄷ'은 모든 글자들과 합해서 합용 종성이 될 수 있다고 하였다.

④ 전자(全字)예 : 그가 교정한 언문자들이 서로 결합되어 형성할 수 있는 글자 수를 계산하였다. 그리하여 인간이 발음할 수 있는 성음의 총수, 즉 언문자의 총수는 10,250자라고 하였다. ■ Graphonomy

| 참고 자료 |

1) 강신항(1984), '국어학사', 보성문화사.
2) 권재선(1987), 국어학발전사, 한국고시사.
3) 김석득(1983), 우리말연구사, 정음문화사.
4) 서병국(1982), 대학국어학사, 학문사.
5) 유창균(1991), '국어학사', 형설출판사.

제9장 훈민정음의 서체 발달사

女四書

글자꼴은 중요한 문화 자원이다. 문화를 포장하는 매체로서 글자꼴이 갖는 위상이 그만큼 크기 때문이다. 따라서 21세기에 알맞은 새로운 글자꼴을 개발하는 것 못지 않게 옛 글자꼴에 대한 관심도 필요하다. 글자로서 한글의 조형적인 아름다움이 시대에 따라 어떻게 표현되는지 살펴보는 작업은 앞으로의 한글 글자꼴 개발에 반드시 필요한 일이기 때문이다.

1. 글자꼴의 역사

글자꼴은 한 시대의 문화적 산물이다.

글씨 몡 글자의 모양. ¶ ~가 예쁘다.

글씨체 몡 예술적인 미적 구조로서 글자의 모양. ¶이것은 추사(秋史)의 ~입니다.

글자 몡 사회적인 약속에 따라 일정한 의미를 담고 있는 일정한 모양의 기호.

글자꼴 몡 글자의 모양. (=글꼴, 자형, 자체, 글자체)

문자 몡 ① 어떤 개념을 나타내기 위해 선과 점 따위를 조합하여 일정한 모양이 되게 한 것. ② 글자, 숫자, 특수기호를 모두 포함하는 말.

활자 몡 활판 인쇄에 사용하는 글자체.

폰트 몡 활자조판에 필요한 글자, 숫자, 특수기호들을 모두 포함하는 말.

서체 몡 ① 글자의 모양. ② 붓글씨에서 글씨를 쓰는 일정한 격식이나 양식. 해서·행서·초서 따위를 가리키는 말. ③ 활자나 인쇄문자, 컴퓨터문자의 양식. 명조체·고딕체 따위.

필사본 ▼				
인쇄본 **아날로그**	목판본	판본체		
	활자본	목활자	제작연도	갑인(甲寅)자...
			간행문헌	동국정운자...
			글자형태	전서체, 초서체...
		금속활자	제작연도	갑인(甲寅)자...
			간행문헌	상정예문자...
				철(鐵)활자
			활자재료	동(銅)활자
				연(鉛)활자
			글자형태	전서체, 초서체...
		흙활자		
		진흙활자		
		도(陶)활자		
디지털	컴퓨터	사용방식	Bitmap	
			Outline	
		구성방식	조합형	
			완성형	
		조합형태	네모틀	
			탈네모틀	
		사용언어	중국어, 일본어...	
		제조회사	산돌체, 휴먼체...	
		글자형태	고딕체, 필기체...	
		개발자	송성훈체...	

일반적으로 필사에 사용된 글자의 모양은 문자예술인 서예(書藝)의 차원에서 **글씨체** 또는 서체라 하고, 인쇄에 사용된 글자의 모양은 **글자꼴** 또는 서체라 한다. 따라서 필사본 글씨체와 인쇄본 글자꼴에 두루 사용할 수 있는 용어는 **서체**뿐이다. 그렇지만, 현실적으로 순우리말인 글자꼴이 이를 대체하고 있다. 필사본 글씨체는 처음 개발한 사람의 이름을 따서 정하는데, 인쇄본 글자꼴은 글자꼴을 제작한 연도나 간행한 문헌의 이름, 한자

의 형태에 근거한 글자 형태, 활자의 재료 등에 따라 정한다.

훈민정음 창제 이후부터 현재까지 한글 글자꼴의 역사를 살펴보기 위해서는 시대순으로 간행된 모든 한글 문헌을 토대로 해당 글자꼴을 검토해야 한다. 특히 20세기 초에 와서 글자꼴의 많은 변화가 있었기 때문에 이 시기의 글자꼴에 대한 검토가 함께 이루어져야 할 것이다.

이를 위해 우선 연구 방법상의 문제점을 지적하면 다음과 같다. 첫째, 개인의 주관성이 개입되어 있다는 이유로 필사본을 연구 대상에서 제외하는 경우가 있다. 그러나 궁극적으로 한 개인의 글씨체는 그 시대의 문화적 산물이라는 점에서 인쇄본과의 상관관계가 연구되어져야 하기 때문에 제외해서는 안 된다. 둘째, 현전하는 모든 한글 문헌을 연구 대상으로 삼을 수 없다는 현실적인 이유 때문에 시기별로 몇몇 대표적인 문헌만을 선별하는 경우가 있다. 그러나 한글 글자꼴의 변화 양상을 정확하게 포착하기 위해서는 시기별로 대표적인 문헌을 선별할 것이 아니라, 글자꼴의 변화가 두드러지게 나타나는 문헌을 중심으로 살펴봐야 할 것이다. 즉, 같은 시기라 하더라도 글자꼴의 차이가 있다면 연구 대상에 포함시켜야 한다. 훈민정음 창제 이후부터 19세기까지의 한글 문헌으로는 불경언해 문헌이 가장 많고, 의약 서적이나 유교 경전의 수가 그 다음인 것으로 나타났다. 글꼴의 변천 모습을 중심으로 문헌들을 살펴보자.

1) 15세기 자료

훈민정음체

훈민정음해례본은 세종 28년(1446)에 간행된 목판본으로 국보 제70호로 지정되어 있으며, 현재 간송문고에 소장되어 있다. 최초의 한글 글자꼴인 훈민정음체는 고딕체 모양의 글자체로서, 한자의 초기 글자꼴인 전서체에 가까운 네모틀 글자꼴이다.

훈민정음체

용비어천가체

또한 획의 굵기와 간격이 일정하고, 별다른 장식이 없는 대표적인 산세리프체 sanserif로서, 수직 또는 수평 방향으로 썼으며, 합자할 때에는 글자의 중심에 맞추어 썼다. 초·중·종성을 합자한 외형은 세로로 긴 편이다. 더욱이 훈민정음체는 획의 마무리 부분을 둥글게 처리한 원필(圓筆) 글자꼴로서 전체적으로 부드럽고 중후한 느낌을 준다. 한글과 함께 쓰인 한자의 글자꼴은 약간 흘려 쓴 행서체로서, 한글 글자꼴보다 조금 작다. 용비어천가, 동국정운, 월인천강지곡, 석보상절 등과 함께 훈민정음해례본체는 반포체, 정음체, 판본체, 판본고체, 판각체 등으로 불린다.

현재 훈민정음해례본체와 유사한 이름으로 제공되는 컴퓨터용 글자꼴은 한미디어 훈민정음체, 문체부 훈민정음체, 양재 훈민체, *ASIA* 훈민정음체, 한국컴퓨그래픽 훈민판각체와 훈민각체, 서울시스템 훈민목판체와 훈민체 등이 있으나 이들 글자꼴은 훈민정음체를 현대적으로 수정한 것이고, 서울시스템의 문화훈민해례체와 (한)문화훈민정음체가 훈민정음해례본체와 가장 유사하다.

용비어천가체

'용비어천가'는 세종 27년(1445)에 완성되어 세종 29년(1447)에 간행된 목판본으로 초간본은 그 완본(完本)이 전하지 않고, 오늘날까지 완본이 전해지는 것은 광해군 4년(1612)의 중간본이다. '용비어천가' 초간본 중 현재까지 남아있는 것은 계명대학교 소장본 권8·9·10과, 서울대학교 도서관 가람문고 소장본 권1·2 뿐이다. '용비어천가' 초간본은 글씨체나 판본상태가 조선초에 유행했던 중국 원나라 조맹부의 송설체(松雪體)와 유사하지만, 용비어천가체는 모음자를 표기할 때 점과 선을 접필한 훈민정음해례본체와 달리, 기본자를 제외한 초출자와 재출자를 선과 선을 접필하여 표기하였다. 아울러 획의 마무리 부분을 각지게 처리한 날카롭고 강인한 느낌의 방필(方筆) 글자꼴이다. 중간본은 훈민정음해례본체와 유사하다.

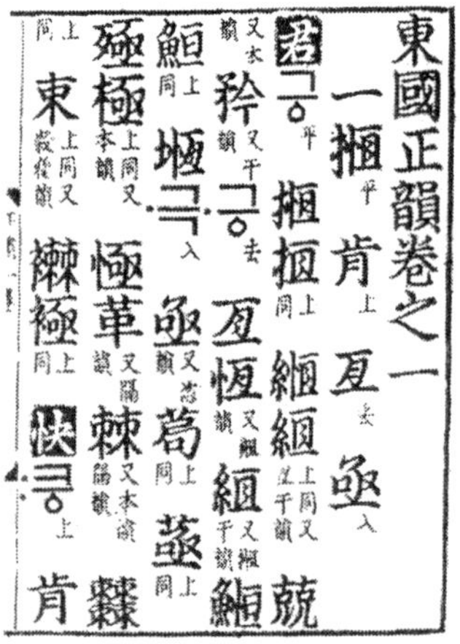

동국정운체

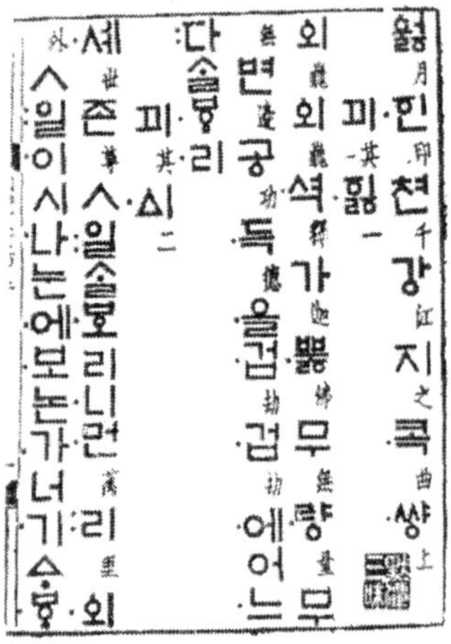

월인천강지곡체

석보상절체

현재 용비어천가체와 유사한 이름으로 제공되는 컴퓨터용 글자꼴은 *ASIA* 용비어천가체가 있지만 이는 용비어천가체를 현대적으로 수정한 것이고, 산돌 용비어천가체가 가장 유사하다.

동국정운체

'동국정운'은 세종 29년(1447)에 완성되어 세종 31년(1449)에 간행된 목활자본으로 간송미술관 소장본 권1·6과 건국대학교 박물관 소장본 권1~6이 전한다. 동국정운체는 한문체와 한글체 글자꼴이 있는데, 한글체는 훈민정음해례본체와 대체로 동일하다. 동국정운체는 획의 마무리를 각지게 처리한 방필(方筆) 글자꼴로서, 글자의 굵기가 가늘고 가벼워 보인다. 동국정운체는 아직 컴퓨터 글자꼴로 개발되지 않았다.

월인천강지곡체

'월인천강지곡'은 세종 31년(1449)에 간행된 동활자본으로 진기홍씨 소장본과 몇몇 영인본이 전한다. 월인천강지곡체는 용비어천가체와 대체로 동일하며, 초주갑인자 병용 한글자로서 고딕인서체이다. 한글과 함께 쓰인 한자의 글자꼴은 한글 글자꼴에 비해 1/4 크기로 매우 작다.

현재 월인천강지곡체와 유사한 이름으로 제공되는 컴퓨터용 글자꼴은 현대 월인체가 있지만 이는 월인천강지곡체를 현대적으로 수정한 것이고, 산돌 월인천강지곡체가 가장 유사하다.

석보상절체

'석보상절'은 세종 31년(1449)에 간행된 동활자본으로 아주대 천병식(千炳植) 교수 소장본 권3(중간 목판본), 국립중앙도서관 소장본 권 6·9·13·19, 호암미술관 소장본 권11, 동국대학교 도서관 소장본 권 23·24(초간갑

월인석보체

인자 활자본) 등이 전한다. 석보상절체는 월인천강지곡체와 대체로 동일하지만, 한자와 한글의 글자꼴이 일정하지 않다. 석보상절체는 아직 컴퓨터 글자꼴로 개발되지 않았다.

월인석보체

'월인석보'는 월인천강지곡과 석보상절을 깁고 더하여 세조 5년(1459)에 간행한 목판본으로 경북 영주의 희방사(喜方寺) 소장본 권1·2, 최남선 소장본 권7, 대동출판사 소장본 권8, 양주동 소장본 권9·10, 호암미술관 소장본 권11·12, 연세대도서관 소장본 권13·14·23, 강원도 봉타사(封陀寺) 소장본 권17·18, 가야대 소장본 권19, 강원도 장흥 보림사 소장본 권25 등의 초간본이 전하고, 중간본으로 경북 안동 경흥사(慶興寺) 소장본과 충남 논산의 쌍계사(雙溪寺) 소장본인 권21이 전한다. 월인석보의 책 머리부분에는 훈민정음예의본이 실려 있다. 월인석보의 한글 글자꼴 모양은 한자의 해서체에 가깝고, 세리프가 보인다. 현재 월인석보체와 유사한 이름으로 제공되는 컴퓨터용 글자꼴은 없지만, 현대언해체가 가장 유사하다.

지금까지 살펴본 초기 한글 글자꼴인 판본체의 특징은 다음과 같다.

① 한자 초기 글자꼴인 전서체와 유사하다.
② 정사각형의 네모틀 글자꼴이다.
③ 글자의 크기와 위치가 정해져 있다.
④ 글자의 굵기와 간격이 일정하다. 예컨대 ㅋ은 ㄱ의 1/2 위치에 가획하였다.
⑤ 글자의 처음과 끝 부분에 붙어있는 장식, 즉 세리프가 없다. 이를 산세리프 sanserif체라 한다.
⑥ 합자할 때에는 글자의 중심에 맞춘다.
⑦ 표기법상 훈민정음과 동국정운이 점과 선으로 표현된 글자꼴이라면 용비어천가, 월인천강지곡, 석보상절은 선과 선으로 이루어진 글자꼴이다.
⑧ 훈민정음이 글자의 처음과 끝 부분을 둥글게 처리한 원필에 가깝다면, 용비어천가, 동국정운, 월인천강지곡, 석보상절은 글자의 처음과 끝 부분을 각지게 처리한 방필에 가까운 글자꼴이다.

성이니點뎜이ᄒ나히라諺언文문
御졩製졩訓훈民민正졍音ᅙᅳᆷ

훈몽자회체

박씨본 훈민정음체

⑨ 초기 글자꼴이라는 느낌 때문에 옛스러운 맛이 나고, 곧은 선 때문에 강직하고 중후한 멋이 있다.

2) 16세기 이후 자료

훈몽자회체

'훈몽자회'는 중종 22년(1527)에 간행된 목판본으로, 동경대를 비롯하여 일본내 사찰과 대학도서관에 소장되어 있다. 훈몽자회체는 훈민정음 창제 당시 ㅔ, ㅐ 등에서 나타나는 같은 크기의 세로획 가운데 안쪽 세로획의 길이가 짧아지고, 한자에서 표현되는 균형과 멋, 그리고 조화를 가미하면서 글자의 크기에 변화를 주기 시작했다. 아울러 창제 당시 가로획과 세로획 모두 직각으로 사각형에 꽉 차도록 최대한 크게 키웠던 글자꼴이 글자의 위치에 따라 점차 크기의 변화가 나타나기 시작했다. 훈몽자회체는 아직 컴퓨터 글자꼴로 개발되지 않았다.

박씨본 훈민정음체

박씨본 훈민정음은 선조 원년(1568)에 간행된 판본으로 육당문고(고 박승빈)에 소장되어 있다. 박씨본 훈민정음체는 월인석보체보다 더 필사체에 가깝고, 직사각형 글자꼴로 변하였으며, 글자의 가로선이 수평 방향에서 오른쪽이 약간 올라간 형태로, 자간이 시원스럽게 구성되어 있다. 박씨본 훈민정음체는 아직 컴퓨터 글자꼴로 개발되지 않았다.

소학언해체

'소학언해'는 선조 19년(1586)에 간행된 활자본으로 교정청에서 처음 간행한 경진자본(庚辰字本)과 선조 21년(1588)에 간행한 방을해자(倣乙亥字) 활자본이 있고, 현재 고려대 소장본 권8, 가람문고 소장본 권9, 국립중앙도서관 소장본 권10 등과 함께 안동 도산서원에 전질이 소장되어 있다. 소학언해체는 글자의 가로선이 수평이고, 종

關관東동別별曲곡

江강湖호애 病병이 깁퍼 竹듁林님의 누엇더
關관東동八팔百빅里리에 方방面면을 맛디시ᄂᆞ
와 聖셩恩은이야 가디록 罔망極극ᄒᆞ다 延연秋츄

송강가사체

진히ᄒᆞ고 탄식ᄒᆞ여 몰오더ᄂᆞ 버지 아비 수쳔리 밧
괴셔 죽으되 도라와 영장ᄒᆞ디 못ᄒᆞ 문구 고 와 부
뫼이셔 밧들리 업ᄉᆞ 미라이 제 부모 구ᄑᆡ이 의 죽
ᄭᅵ지 아비 ᄒᆡ ᄭᅳᆯ이 언ᄯᅡ 히 브려시니 ᄫᅥ엇디 죽기

오류행실도체

성자의 가로 길이가 조중성자보다 조금 크다. 소학언해체
는 아직 컴퓨터 글자꼴로 개발되지 않았다.

송강가사체

송강가사는 숙종 16년(1690) 간행한 관서본(關西本)
과 이선본(李選本), 영조 23년(1747)에 간행한 성주본
(星州本) 등이 전한다. 이외에도 의주본(義州本)과 관북
본(關北本)이 있는데 현재까지 발견되지 않았다. 이선본
은 서울대 도서관 일사문고(一文庫)에 소장되어 있고, 관
서본은 국립중앙도서관에 소장되어 있다. 송강가사체는
박씨본 훈민정음체와 유사하지만, 종성자의 크기가 작을
뿐만 아니라 글자의 구성도 조금 어색하다. 현재 송강가
사체와 유사한 이름으로 제공되는 컴퓨터용 글자꼴은 산
돌 송강가사체가 가장 유사하다.

오류행실도체

'오류행실도'는 정조 21년(1797)에 간행된 활자본으
로 호암미술관에 소장되어 있다. 오류행실도체는 글자의
가로선이 수평 방향에서 오른쪽이 약간 올라갔으며, 붓으
로 직접 쓴 듯한 정교함이 살아있다. 글자의 크기가 일정
하지 못하고, 종성자의 크기를 초중성자에 비해 작게 하
였다. 또한 ㅌ은 ㅡ와 ㄷ의 사이를 띄어서 썼다. 오류행실
도체는 아직 컴퓨터 글자꼴로 개발되지 않았다.

지금까지 살펴본 필사체 한글 글자꼴의 특징은 다음
과 같다.

① 15세기 말부터 시작하여 18세기 말까지 350여년 동안 정
자체에 가까운 필사체가 사용되었다.
② 글자의 처음과 끝 부분에 붙어있는 장식, 즉 세리프 serif
가 나타나기 시작했다.
③ 직사각형 또는 사다리꼴 모양이 사용되었다.
④ 글자의 좌우대칭이 맞지 않고, 운필 방향 또한 판본체보다
다양해졌다.

중수무원록언해체

⑤ 판본체보다 동적이고, 붓글씨로 직접 쓴 듯한 생동감을 느낄 수 있다.

속명의록체

'속명의록'은 정조 원년(1777)에 간행된 동활자(정유자 丁酉字)본으로 규장각에 소장되어 있다. 속명의록체는 인서체로 필서체와 같이 활자용 서체인데 중국의 한자체인 명조체나 송조체의 특징을 살려 만들었다. 필사체는 붓으로 써서 만든 활자체인데 비해 인서체는 글자를 그려서 디자인한 글자체로서 오늘날 활자체의 원조라 할 수 있다. 특히 속명의록체는 현대 글자꼴 가운데 명조체를 닮았는데, 가로선이 오른쪽으로 약간 올라갔고, 외형은 직사각형모양으로 종성자의 크기는 작은 편이다. 속명의록체는 아직 컴퓨터 글자꼴로 개발되지 않았다.

증수무원록언해체

증수무원록언해는 정조 16년(1792)에 간행된 운각활자본으로 규장각도서, 국립중앙도서관, 국사편찬위원회 등에 소장되어 있다. 증수무원록언해는 속명의록에 비해 글자의 짜임이나 균형에 있어 뒤떨어진다. 증수무원록언해체는 속명의록체와 마찬가지로 현대 글자꼴 가운데 명조체를 닮았다. 현재 증수무원록언해체와 유사한 이름으로 제공되는 컴퓨터 글자꼴은 산돌 증수무원록체가 가장 유사하다.

지금까지 살펴본 인서체 한글 글자꼴의 특징은 다음과 같다.

① 한자 명조체에 가까운 글자꼴이지만 글자의 짜임이나 균형이 잘 이루어지지 않은 편이다.
② 글자의 크기가 일정하지 않고 변화가 심하다.

영비

정음체

정음체는 훈민정음 반포 직후 널리 사용되던 필사본 글자꼴로, 훈민정음체의 기본 획형을 모방하여 정돈되고 안정된 느낌을 준다. 글자꼴은 정사각형이어서 묵직한 맛이 있지만, 붓글씨다운 멋은 찾아볼 수 없다. 세조 10년(1464) 상원사를 중수할 때 발원문으로 올린 오대산상원사중창권선문(五臺山上院寺重勸善文)과 중종 31년(1536) 경기도 양주군의 묘미로 세워진 영비의 각자는 정음체 필사본의 기록으로 가장 오래된 것들이다. 한편 시기적으로 70년이나 뒤진 영비의 글자꼴이 오히려 훈민정음체와 가까워 글자꼴로는 영비의 것이 더 오래된 것으로 추정된다.

방한체

한자의 글자꼴을 모방했다고 하여 방한체, 효빈체, 모방체라 부른다. 이 글자꼴은 정음체가 비실용적이고 필사하기에 부자연스러워 필사의 편리에 초점을 맞추어 사용되었지만, 한글 나름으로서의 특징을 살리지 못하고, 한자의 행서와 초서를 모방했다는 이유로 오랫동안 사용되지는 않았다. 송강 정철의 부인 언간을 비롯하여 선조의 어필, 인목대비의 친필 언간 등이 방한체로 필사된 기록이다.

궁체

궁체는 이름 그대로 궁중에서 생겨났다고 하여 붙여진 이름의 글자꼴이다. 특히 조선 중기 한글의 생활화가 활발해지자 궁중에서도 교서 언간쓰기, 소설쓰기 등에 종사하는 서사 상궁이 필요하게 되었다. 이렇게 하여 나타난 것이 궁중 서체인 궁체이다. 궁체는 글씨의 선이 단정하고 우아하며, 정자, 반흘림, 흘림 등의 글자꼴이 있다. 대개 실용성 위주로 쓰여져 있으며 그 작자와 연대 표기가 되지 않은 것이 대부분이다.

혼서체

한글과 한자를 혼용하여 쓴 글자꼴로 조화체라고도 하는데, 한글과 한자를 혼용하여 쓴 필체로 조화체라고도 하는데 조선 선조 시대 한글 필사체가 생기면서 한학자나 사대부 등 한문에 대한 소양이 있는 상류층 사회에서 쓰기 시작했다.

대표적인 한글 활자

활자명칭	별칭	주조연대			글자본	재료
		년도	간지	서기		
초주갑인자병용 한글자	위부인자	세종 16	갑인	1434	명판효순사 실/논어	동
	월인석보 한글자	세종 29	정묘	1447	고딕인서체	동
을해자병용한글자	강희안자	세조 1	을해	1455	강희안글씨	동
	능엄한글	세조 7	신사	1461		동
을유자한글자	정난종자	세조 11	을유	1465	정난종글씨	동
을해자체경서자 경서한글자	방을해자	선조 20		1587	을해자체	
원종자 원종한글자		숙종 19	계유	1693	원종글씨	

갑인자(甲寅字)는 밀랍을 쓰지 않고 대나무로 빈칸을 메워 조립식으로 판을 짜서 인쇄하는데 글자가 바르고 해정하여 자주 가주(加鑄)와 보주(補鑄) 그리고 개주(改鑄)가 이루어지면서 조선 말기까지 사용되었다. 1447년에 인출된 것으로 여겨지는 '석보상절'과 '월인천강지곡'을 보면 한글이 고딕체의 활자로 찍혀져 있는 것을 볼 수 있는데 이 활자는 갑인자와 병용되고 있다는 점에서 초주 갑인자 병용 한글자라고 불리워진다.

을해자(乙亥字) 병용 한글자는 강희안(姜希顔)의 글씨를 바탕으로 주조된 것이며, 임진왜란 직전까지 갑인자 다음으로 오래 사용되었기 때문에 인본이 비교적 많은데 '능엄경(楞嚴經)언해'와 '아미타경(阿彌陀經)언해' 등이 있다.

을유자(乙酉字) 한글자는 정난종(鄭蘭宗)의 글씨를 바탕으로 '구결원각경(口訣圓覺經)'을 찍기 위하여 만든 것인데, 이때 한글 구결을 위하여 한글 활자도 아울러 만들었다. 인본으로는 '벽암록(碧巖錄)', '병장설(兵將設)', '당서(唐書)' 등이 있다.

을해자(乙亥字) 경서자(經書字)는 을해자를 닮게 주조한 것이지만 완전히 새로 주조한 것으로 을해자에 비해 글자 획이 가늘고 예리하며 활자 모양이 가지런하고 예쁘다. 이 활자는 국역 경서를 찍기 위하여 주조한 것으로 인본으로는 '소학언해(小學諺解)', '대학언해(大學諺解)', '중용언해(中庸諺解)', '논어언해(論語諺解)', '맹자언해(孟子諺解)', '효경언해(孝經諺解)' 등이 있다.

원종한글자는 인조의 아버지 원종(元宗)이 쓴 글자를 바탕으로 주조한 것으로 인본으로는 '맹자언해(孟子諺解)'가 있다. 활자의 주조가 정교하여 원종의 예리한 필서체의 특징을 잘 나타내고 있으며, 한글 활자도 인서체에서 필서체의 구성으로 바뀌는 특징을 나타낸다.

지금까지 한글 창제 당시인 15세기 중엽부터 19세기까지 한글 판본체에 대하여 단편적이나마 그 역사적인 변천 과정을 살펴보았다. 이 분석을 통해 창제 당시의 한글 글자꼴은 시간이 흐름에 따라 크게 다음과 같은 3가지 변화를 겪었음을 알 수 있다.

① 세리프가 생겼다.
② 글자의 형태 변화가 일어났다.
③ 글자꼴을 크기 변화가 일어났다.

①과 같은 변화는 붓과 한자의 영향 때문이었다. 이같은 변화는 당시로서는 당연한 귀결로서, 필기구로 주로 붓을

사용하고 있었으며, 한자 활용이 일상화된 시기에 있어서 새롭게 창제된 한글 글자꼴이 한자의 모양을 닮아가는 현상은 예상할 수 있었던 것으로 본다. 이러한 변화는 한글만이 갖고 있는 독특한 글자꼴을 다소 잃어버렸다는 점이 아쉽기는 하지만 보다 편리하게, 보다 널리 대중들에게 보급하기 위한 부득이한 변화가 아니었나 생각된다.

②와 같은 변화는 초기 한글 글자꼴이 필기하기에는 불편했음을 단적으로 말해준다. 특히 ㅊ, ㅎ과 모음에서의 점(·)의 형태적 변화는 이러한 점을 단적으로 말해주는 것으로서 이러한 변화 역시 한글의 일반화로 인하여 나타날 수밖에 없는 예정된 변화라고 본다. 당시 한글 필사본을 보면 판본과는 다르게 글꼴이 필기에 알맞도록 완전히 변형되어 쓰이고 있음을 알 수 있다. 이러한 상황에서 판본이 필기체 형태로 변형되는 것은 당연한 것이라고 생각된다.

③과 같이 글자의 크기가 변하거나 자소의 위치에 따라 그 모양이 달라진 점은 글꼴이 균형과 조화를 이루도록 변형된 것이라고 본다.

이러한 19세기까지의 한글 글꼴의 변화는 20세기에 들어와서 일본과 서양으로부터 들어온 새로운 활자 제작 기술과 인쇄 방법의 등장, 그리고 세로쓰기에서 가로쓰기로의 변화 등은 가독성(可讀性)이 뛰어나고, 미적 감각이 내재된 글꼴을 등장하게 하였다. 특히 20세기 후반부터는 디지털화된 새로운 기록매체의 등장으로 말미암아 한글 글꼴은 정보화에 알맞게 변화되는 과정에 있다고 생각된다. ■ Graphonomy

| 참고자료 |

1) 김두식(2000), <한글 판본 글자꼴의 변천과 특성에 관한 연구>, 2000출판학연구, 범우사.
2) 김정수(1997), '한글의 역사와 미래', 열화당.
3) 김홍련(1987), '문자디자인', 미진사.

4) 박병천(1983), '한글 궁체 연구', 일지사.

5) 석금호(1996), '타이포그라픽 디자인', 미진사.

6) 천혜봉(1993), '한국 금속활자본', 범우사.

7) 천혜봉(1993), '한국 목활자본', 범우사.

8) 최형인 외(1996), <훈민정음 해례본 글꼴의 기하학적 구성에 관한 기초 연구>, 새국어생활 6-2, 국립국어연구원.

9) 홍윤표(1988), <한글 자형의 변천사>, 글꼴 1998, 한국글꼴개발원.

제10장 한글 표기법 변천사

끠其힁 一 ·뵈百 씬二 ·굴九

무텻말ᄊᆞᆷ 듣ᄌᆞᇦ·아 아바님 취出 령令·오

로겨집 돌ᄐᆞᆸ 법法 ·안 옳 득得 ·ᄒᆞ·니

뻠梵 지志 ᄌᆡᆼ 중宗·올 모·샤·아 아바·님ᄢᆞᆯ ·긔·걸·로종

친親 돌·사相 ᄆᆞᆫ門 이·드·외·니

월인천강지곡

세종이 다시 태어나 지금의 글을 읽는다면 조금은 생소할 것이다. 언어가 점진적으로 변하듯이, 문자와 표기법도 변하는 것이 자연스런 이치이기 때문이다. 기본적으로 표기법은 당시 현실음을 가장 정확하게 표기하기 위해 정해지고 고쳐지는 것이므로, 표기법의 변천사를 살펴보면 당시의 현실음을 가늠할 수 있다.

1. 중세국어 표기법

중세국어 표기법이 가장 규범적이고 우아하다.

15세기 표기법(정서법)의 원리는 크게 음소적 원리와 음절적 원리의 두 가지로 나누어 볼 수 있다.

1) 음소적 원리

① 체언과 용언의 기본 형태를 밝히지 않고 각 음소를 소리나는 대로 표기하는 음소주의를 원칙으로 한다.(표음적 표기법) 예 '값(價)'의 곡용형은 '갑시, 갑도, ...' 등으로 표기한다. '깊-'(深)의 활용형은 '기프니, 깁고, ...' 등으로 표기한다.

② '용비어천가'와 '월인천강지곡'에서는 세종이 참가하여 형태주의의 뜻을 펼쳤다.(표의적 표기법) 예 곶, 딮동, 깊고, 맞나ᅀᄫ며, 깊거다

③ 자음동화는 반영하지 않는다. 예 '믿는(信)'을 '민는'으로 표기하지 않는다.

2) 음절적 원리

① 받침 있는 체언이나 용언의 어간에 모음으로 시작되는 조사나 어미가 붙을 때에 원칙적으로 이어적기를 한다. 예 '사름'의 곡용형을 '사ᄅᆞ미, 사ᄅᆞ물, ...' 등으로 표기한다.(연철식 표기)

② '월인천강지곡'에서는 끊어적기를 한 예도 보인다. 예 눈에, 일울, 꿈을, 좋울, 안아...(분철식 표기)

③ 다음과 같은 경우 음절적 원리에 벗어나기도 한
다.

‘ㅅ’은 다음 음절의 첫음이 ‘ㄱ ㄷ ㅂ ㅅ’ 등일 때(즉
초성 합용병서가 가능한 경우)에 한해서 내려쓰는 수가
있다. 예 어엿브- : 어여쁘-

초성 ‘ㅇ’은 그대로 초성으로 쓰이는 것이 훈민정음
창제 당초의 원리였으나, 종성으로 쓰는 것이 더 일반적
이었다. 예 바올 : 방올

3) 사이시옷

① 사잇소리 ‘ㅅ’의 쓰임이 현대에 비하여 매우 복잡
하다.

현대의 사이시옷과 쓰임이 같다. 예 나랏말씀, 빗곶

현대와는 달리 유성 자음 아래 사이시옷이 쓰인다.
예 아바닚뒤, ᄀᆞᄅᆞᆺ ᄀᆞ새, 엄쏘리

한자어와 고유어 사이에 사이시옷이 쓰인다. 예 魚ㅅ
사름

② 사잇소리 ‘ㄱ ㄷ ㅂ ㅸ ㆆ’의 다섯 글자와 반치음
도 사용하였다. 예 洪ㄱ字, 君ㄷ字, 侵ㅂ字, 漂ㅸ字, 快ㆆ
字, 나랏일훔

훈민정음의 모든 문자는 그 음가대로 사용되는 것이
원칙이었으나, ‘사이시옷’으로 사용되었던 ‘ㅅ’에 대하여,
‘용비어천가’와 ‘훈민정음해례’에서는, 선행어의 말음에 따
라 사잇소리를 바꾸어 표기하는 규칙이 있었던 것이다.

③ 사이시옷은 종성으로 표기되는 것이 원칙이고, 이
미 종성이 있는 경우 그것과 병서된다.

4) 종성법

15세기의 음절말은 원칙적으로 8자만 허용하는 8종성법(ㄱ ㆁ ㄷ ㄴ ㅂ ㅁ ㅅ ㄹ)이었다. 예 목소리, 스숭, 낟(곡식), 눈, 숍옷, 꿈, 보비옷, 믈

5) 띄어쓰기

중세의 한글 문헌은 현대와는 달리 띄어쓰기를 하지 않았다. 예 나랏말ᄊᆞ미中國에달아文字와로서르ᄉ못디아니홀씨

6) 병서법

둘 또는 세 문자를 좌우로 결합하는 방법을 병서라 하였는데 여기에는 동일 문자를 결합하여 각자병서와 서로 다른 문자를 결합하는 합용병서가 있었다.

<각자병서>

㉠ 'ㄲ ㄴ ㅃ ㅉ ㅆ ㆅ' : 전탁음(전청을 병서, 다만 'ㆅ'만이 차청을 병서)
㉡ 주로 한자음 표기(동국정운)에 사용되었다.
㉢ 'ㄲ ㄸ ㅃ ㅉ'는 용례가 매우 한정됨.(동명사 어미 '-ㄹ' 밑에서 사용) 예 아ᅀᆞ볼까, 수물꿈기, 볼띠니
㉣ 'ㅆ, ㆅ'은 순수 국어 단어의 어두음 표기에, 'ㅇㅇ'은 어중음 표기에 사용되었다. 예 혀다, 괴여, 쏘다
㉤ 매우 드문 예로 'ㄴ'이 나타난다. 예 다ᄂᆞ니라
㉥ 각자병서는 '원각경언해'로부터 전면적으로 폐지되었다. 예 혀다>혀다, 쏘다>소다

즉 어두에 있어서의 평음과 된소리의 대립이 표기상 무시되는 결과를 낳은 것이다. 이 불합리가 시정되어 16세기에 들어 어두음 표기의 'ㅆ'는 다시 부활되었으나, 'ㆅ'은 그렇지 못했다.

<합용병서>

㉠ '田 ᄡ ᄧ ᄩ / ᄭ ᄮ ᄲ/ ᄢ ᄣ' 발음이 중자음이었는지 된소리이었는지 분명하지 않다. 예 뜬, 뿔, 딱/ 쇼리, 싸, 쎠 / 뜸, 빼

㉡ 이 밖에 매우 드문 예로 'ᄯ'과 여진어 표기 '쪄'이 보인다. 예 싸히, 닌쥐시

7) 연서법

두 문자를 위아래로 결합하는 방법으로 '뭉 ᄫ 퐁 ᄬ ᅙ' 등이 있었는데, 'ᄫ'만이 순수한 국어 단어의 표기에 사용되었고 그 밖의 것은 주로 중국음 표기('홍무정운 역훈' 등)에서 사용되었다. 예 後薨, 道똘, 敎굘, 도ᄃ 수ᄫ, 어려보며

8) 한글과 한자의 표기

① 중세의 한글 문헌에 나타나는 한자는 각 글자마다 작은 크기의 동국정운식 한자음을 붙이는 것이 원칙이었다. 예 나랏말ᄊᆞ미中듕國귁에달아(훈민정음 언해)

② '월인천강지곡'은 한글음을 크게 먼저 적고, 작은 크기의 한자를 다는 방식이다. 예 웡月 인印 천千 강江 지之콕曲 쌍上

③ 용비어천가와 두시언해는 한자어에 음을 달지 않았다. 예 海東六龍이ᄂᆞ라샤(용비어천가 1장), 岐王ㅅ집안 해샹녜 보다니(두시언해16, 52) ■ Graphonomy

| 참고자료 |

1) 이기문(1984), '국어사개설', 탑출판사.
2) 훈민정음 언해본, 두시언해, 월인천강지곡, 용비어천가, 원각
　　　경언해, 홍무정운역훈

▲ 표기법의 변천

2. 근대국어 표기법

근대국어 표기법은 혼란스럽고 무질서하다.

아
바
님

아
비

방점의 유무 표기

임진란 이전과 이후의 문헌들 사이에는 문자 체계와 정서법에 많은 차이가 난다. 15세기 중엽 이래의 정서법 전통은 극도의 혼란을 경험하게 되었다. 이미 그 전통을 지킬 수 없을 만큼 언어가 현격히 변화되어 있었고, 또 임진란이라는 대전란이 그러한 전통과의 단절을 가져왔다. 그러나 정제되고 통일된 새로운 정서법이 다시 마련되지는 않았고, 따라서 혼란상태가 17세기를 거쳐 18, 19세기에 내려올수록 더욱 심해졌다. 또한 평민문학의 대두로 인한 문자 사용의 확대가 이런 혼란을 촉진하였다.

1) 체계상의 차이

15세기의 28자 문자 체계는 17세기에 들어서면서 소실문자가 생겨남으로써, 사실상 25자 체계로 된다.(ㆆ ㅇ ㅿ자 제외)

① 방점 소실
16세기 후반의 일부 문헌에 이미 방점을 찍지 않는 경향이 나타났었는데 17세기 초부터는 일반화되었다.

② 'ㆁ' 소실
16세기에 'ㆁ'자의 사용은 종성에만 국한되었고, 'ㅇ'자와 혼동되다가, 임진란 뒤부터는 완전히 'ㅇ'에 합류되었다.

③ 'ㅿ' 소실
ㅿ자는 표기상으로는 16세기말까지 근근이 유지되었

으나 17세기에 들어서는 아예 쓰이지 않게 되었다.

2) 정서법의 혼란상

<어두 합용병서의 혼란>

㉠ 중세문헌에는 'ㅺ ㅼ ㅽ ㅾ / ㅴ ㅵ ㅄ ㅶ / ㅴ ㅵ'의 세 가지 합용병서가 존재했는데, 17세기에 오면, 'ㅴ ㅵ'가 소멸되고, 'ㅲ'이 이들의 새로운 이체로서 등장한다. 따라서 'ㅴ'의 이체로서, 15·16세기부터 전해오던 'ㅺ'과 17세기에 새로 생겨난 'ㅲ'의 두 가지가 공존하게 되었다. 예 ᄢᅧ : ᄭᅥ디니라 : ᄭᅥ디니라

㉡ 'ㅼ'과 'ㅲ', 'ㅄ'과 'ㅆ'의 표기가 많이 혼동되었다. 「중간 두시언해」의 'ᄠᅳ'이 'ᄯᅳ'으로 나타난 예를 제외하면, 이 혼동은 17세기 후반의 일이다. 예 ᄠᅥ나셔 : ᄭᅥ나셔, ᄲᅮᆨ : ᄶᅮᆨ

19세기에 오면 된소리 표기는 모두 된시옷으로 통일되는 경향('ㅺ ㅼ ㅽ ㅾ')이 뚜렷해지는데, 단 'ㅅ'의 된소리는 'ㅆ'이 아니라, 'ㅄ'으로 통일되었다.

<종성 'ㅅ'과 'ㄷ'의 혼동>

㉠ 15세기에 있어서는 이 두 받침은 엄격하게 구별되었던 것인데, 16세기 특히 그 후반에 이 구별이 무너져서, 17세기에 들어서면 받침의 'ㅅ'과 'ㄷ'의 선택은 매우 자의적이었다. 이 때를 7종성의 태동기라 부를 수 있다. : 예) 굳고>굿거든, 잇고>읻고('ㄷ→ㅅ' 방향의 혼기쪽보다 'ㅅ→ㄷ' 방향의 혼기 쪽이 압도적이다.)

㉡ 17세기 초반을 지나면 혼기의 방향이 그 앞 시기의 것과 반대의 방향으로 바뀐다. 즉, 'ㄷ→ㅅ' 방향의 혼기라 압도적으로 많아지는 것이다.

㉢ 'ㅅ' 종성 통일기 : 17세기 후반에 오면 종성 자리에서 'ㄷ'이 자취를 감추게 된 다. 8종성법의 시대가 끝나고 7종성법의 시대가 열린 것이다. 한 자리를 놓고 다투다가 'ㅅ'으로 통일된 이 시기를 'ㅅ' 종성 통일기라 부른

▲ 합용병서

다. 달리 7종성법 시대라고도 부른다. 예 옷, 갓, 벗, 곳, 붓

　ㄹ 18세기부터는 ‘ㄷ’은 점차 없어지고, ‘ㅅ’만으로 통일되는 강한 경향이 나타나는데, 이러한 경향은 오히려 잘못된 표기를 야기하기도 하였다. 예 ‘명의록언해’에서 ‘미더(信)’를 ‘밋어’로 잘못 표기한 예가 보인다.

　ㅁ ‘ㄷ’ 종성 부활기 : ‘ㄷ’이 받침으로 다시 쓰이게 된 것은 1930년 언문철자법에서 확정되고 보통학교 조선어독본에서 채택되면서 ‘ㄷ’이 다시 종성의 자격을 찾게 되었다. 그러나 이번에는 8종성으로서가 아니라 14종성의 일원으로서였다. ■ Graphonomy

| 참고자료 |

1) 이기문(2000), ‘신정판 국어사 개설’, 태학사.
2) 이익섭(1972), ‘국어표기법연구’, 서울대학교 출판부.

3. 현대국어 표기법

한 나라의 진정한 독립은 언어와 문자의 독립이다.

주시경(周時經)

　　19세기 말부터 외부로부터 밀어 닥친 개화 사상과 함께 열강들의 침략 속에서 급격한 변화를 겪게 되는 우리 사회는 우리의 정체성에 대한 자각을 불러 일으켰다. 그 중에서도 우선 중요한 것은 언문일치의 실현이었다. 그 당시의 우리의 문자 생활은 상층부의 **한문**, 하층부의 **언문**, 중간층의 **이두**와 **언한문**으로 이루어진 다양한 것이었다. 그러나 이 때부터 시작된 언문일치 운동으로 한문과 이두는 위축되고, **국문**(언문)과 **국한문**(언한문)이 새롭게 등장하게 되었다. 그러다가 1945년 해방 이후에는 한글 전용 운동이 전개되어 왔다.

　　문란해질 대로 문란해진 근대국어의 표기법을 바로 잡기 위해 표준어 제정과 정서법의 확립이 이 시대 어문 정리 사업의 핵심이었다. 지석영의 상소로 공포(1905년)된 '신정국문'은 이러한 노력이 정책에 반영된 최초의 것이며, 이윽고 학부 안에 국문연구소가 설치(1907년)되기에 이르렀다. 이 연구소는 연구를 종합하여 의정안을 완성(1909년)했으나 공포되지 못하고 말았다. 그러나 그 사업은 학자들 사이에 꾸준히 계승되어 조선어학회의 정서법 제정(1933년 <한글 맞춤법 통일안>)으로 열매를 맺은 것이다. 조선어학회는 그 뒤 표준어를 제정(1936년)하였고, 국어 사전을 편찬(1947~57년 '큰 사전' 6권)하였다.

　　1933년에 발표된 <한글 맞춤법 통일안>이 채택한 문자 체계는 종래의 관용을 존중하면서 최소한의 개혁을 한 것이었다. 'ㆍ'를 없애고, 된소리 표기 'ㅺ ㅼ ㅽ ㅆ ㅾ'

을 'ㄲ ㄸ ㅃ ㅆ ㅉ'으로 고친 것이 그 개혁의 전부였다. 그리하여 'ㅇ'은 여전히 초성과 종성에서 상이한 음가를 가지며 'ㅐ ㅔ ㅚ' 등은 구조상으로는 두 문자이지만 단모음을 나타내게 되었다. 그리고 'ㅅ' 역시 [s]와 [t]의 두 음가를 유지하였다.

1) 현대 정서법의 기본 원리 – 형태음소적 원리 : 예) 밭, 높고, 곳, 놓삽고(표의적 표기법)

2) 문장의 각 단어는 띄어 씀을 원칙으로 한다. 이러한 띄어쓰기는 문장의 중의성을 피할 수 있다. : 예) 나물 좀다오 >나 물 좀 다오/나물 좀 다오

3) 가로쓰기
최초 가로쓰기 문헌으로는 '예슈 성교 누가복음 전셔'로 추정된다. 이는 영국 성서 공회에서 기증한 것으로 최초의 한글 성서이다. 중국 선양 문광서원에서 1882년 3월 출판된 것으로 한글 전용과 가로쓰기가 특징이다. 그리고 해방 후 교과서를 비롯하여 일부 책자들이 가로쓰기를 시작하였다. 1950년대 들어서는 주시경과 지석영 등 한글 보급에 힘쓰는 학자들이 가로쓰기를 주장하며 '신정국문', '자전석요' 등을 발표했다. ■ Graphonomy

| 참고자료 |

1) 이기문(2000), '신정판 국어사개설', 태학사.
2) 이익섭(1992), '국어표기법연구', 서울대학교 출판부.
3) 안병희(1992), '국어사 자료 연구', 문학과 지성사.
4) 조세용(1994), '중세국어문법론', 건국대학교 출판부.
5) 허 웅(1995), '국어음운학', 샘문화사.

4. 소실 문자

아직도 아련히 그리운 우리의 사라진 문자여 !

세종은 우리의 말소리를 적기 위하여 훈민정음 28자를 만들고, 그 밖에 중국음을 적기 위하여 부차적인 몇 개의 문자를 더 만들었다. 그러나 우리 음운의 변천과 더불어 그 기능을 상실함으로써 사라져 버린 글자가 생기게 되었다. 다음의 문자들이 그것이다.

1) [ㆆ] 여린히읗

소멸시기 : 세조(15C)이후

훈민정음 28자에는 포함되지만 국어의 실질적인 음운 단위는 아니며, 국어 표기에 사용된 'ㆆ'의 예는 세종·세조 때의 문헌에 한했으며 표기례도 극히 국한되었다.

음가 : 훈민정음 자모 체계에서 성음의 청탁으로는 전청, 조음상으로는 후음

용례 : '동국정운'의 한자음을 표기하기 위하여 마련된 것으로, 'ㅇ'과 통용되는 'ㆆ'을 자모 체계 속에 두었던 것은 중국 운학(韻學)의 칠음(七音) 청탁의 자모 체계에 맞추려고 한 데서 말미암은 것이다. 당시 현실 한자음에서도 어두(語頭)에서 'ㅇ'과 'ㆆ'의 구별은 없었던 것으로 짐작되나 '동국정운'에서는 이를 구별하였다.

㉠ 초성 : 동국정운식 한자음 표기 → 즙(흠)
㉡ 종성

　　　사잇소리 : 고유어 'ㄹ'과 'ㅭ'사이 → 햐놇 뜯
　　　　　　　　　 한자어 'ㅇ' 받침 아래 → 先考ㆆ 뜯
　　　된소리 기호 : 관형사형 어미 'ㄹ' 아래 → 홇 배
　　　절음부호 : 관형사형 어미 'ㄹ' 아래 → 몯홇노미
　　ⓒ 이영보래(以影補來) : 'ㄹ'로 된 한자음을 입성으
로 함 → 發벓

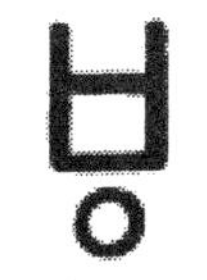

2) [ㅸ] ㅂ순경음, 순경음ㅂ

소멸시기 : 세종 당대

　　훈민정음 초성체계에는 들어 있지 않으며, 세종 때의
국어 표기에서의 'ㅸ'의 사용례는 음절간 모음 사이에서나
유성자음과 모음 사이에서만 쓰였고, 어두에는 쓰이지 않
았다. 세종 당대에만 쓰이다가 [w]로 변하였다. 중국음
표기에서는 [f]음을 나타내었다.

　　음가 : 양순 유성 마찰음 [β]

　　변천과정 : ㅸ > 오/우, ㅸ > zero

　　용례 :
　　ㄱ 명사에서 → 글발, 스ᄀᄫᆯ
　　ㄴ ㅂ불규칙활용 → 돕 + 아 > 도바
　　ㄷ 파생부사에서 → 쉽+이 > 쉬뷔
　　ㄹ 동국정운식 한자음 받침 아래 사잇소리 → 標뵹字
　　ㅁ 울림소리 사이 → 대범, 알밤

3) [ㅿ] 반잇소리, 반치음, 여린 시옷

소멸시기 : 16세기 초·중

　　고유어에서는 어두음으로 잘 쓰이지 않았으며, 독립
된 낱말의 받침으로도 잘 쓰이지 않았다. 한자의 초성으
로 사용한 'ㅿ'은 오늘날 모두 'ㅇ'으로 변하였다.

음가 : 유성 마찰음 [z]

변천과정 : △ > ㅇ, △ > ㅈ

용례 :
㉠ 고유명사에서 → ᄀᅀᆡ > 가애
㉡ 고유어 용언에서 → 나ᅀᅡ가 > 나아가
㉢ 첨사 '-ᅀᅡ'에서 → 비로ᅀᅡ > 비로야
㉣ '구ᅀᅵ'의 'ᅀ' → 구ᅀᅵ > 구유, 구요.
㉤ '남ᅀᅵᆫ'의 'ᅀ' → 남ᅀᅵᆫ > 남진
㉥ △ > ㅇ > ㅎ → 마ᅀᆞᆫ > 마은 > 마흔
㉦ 어두 'ᅀ' → ᅀᅳᆷ거운 > 슴거옴 > 승겁다
㉧ 한자음 표기에 → 樣(샹), 而(ᅀᅵ)
㉨ 받침이 모음으로 시작되는 실질형태소와 결합하여
   합성어를 이룸 → 강없다
㉩ ᅀᆞ/스로 끝나는 명사에 조사가 붙으면 ᅀ을 앞말
   에 붙임 → 아ᅀᆞ+이 → 앗이

4) [ㆁ] 옛 이응

소멸시기 : 초성(중종이전), 종성(임란이후)

아음인 [ㆁ]은 후음 [ㅇ]와 모습이 비슷하고, [ㆁ]음
이 초성에서 소리나지 않게 되자 초성에서는 일찍이 'ㅇ'
자에 합류된다. 그러나 종성에서는 음가와 함께 그 모습
을 유지하다가 결국 'ㅇ'자에 합류된다. 그리하여 'ㅇ'자는
초성에서와 종성에서 음가가 달라진다.

음가 : 연구개음[ŋ]

변천 과정 : ㆁ > ㅇ
㉠ 초성 : 음가 탈락 'ㅇ'이 됨 → 그ㆁ에 > 그에
          앞음절의 종성으로 → 바ㆁ올 > 방올
㉡ 종성 : 자형만 바꾸어 현재까지 'ㅇ'으로 남아 있
          음 → 올ㆁ창 > 올챙이

용례 :

㉠ 공손법어미 '-이-'의 'ㆁ' → 가노ᅌᅵ다 > 가노이다

㉡ 음절말 'ㆁ' → ᄀᆞ장 > ᄀᆞ장

㉢ 한자어 'ㆁ' → 御 ᅌᅥ > 어, 業 ᅌᅥᆸ > 업

5) [ㆍ] 아래 아

소멸 시기 : 15세기~16세기 이후와 18세기~ 20세기

'ㆍ'는 훈민정음 창제시 중성의 기본음이 될 만큼 중요한 글자였으나 실제 음가는 상당히 불안정한 위치였다. 이러한 소리의 불안정함이 기능상의 위축을 가져와 결국 2 단계에 걸친 소멸을 초래하게 된다.

음가 : 'ㆍ'는 후설모음으로서 'ㅏ'와 'ㅗ'의 중간음[ㅿ]
㉠ 1단계소실 : 둘째 음절 이하에서 'ㆍ > ㅡ' → ᄀᆞ슬 > ᄀᆞ을 > ᄀᆞ을 > 가을
㉡ 2단계소실 : 첫 음절에서 'ㆍ > ㅏ', 'ㆍ > ㅡ', 'ㆍ > ㅗ' → ᄀᆞ나히 > 간나히, ᄒᆞᆰ > 흙, ᄉᆞ매 > 소매
㉢ 기타 여러 가지로 변천 → 사ᄅᆞᆷ > 사람, 아ᄎᆞᆷ > 아침

6) [ㅇㅇ] 쌍이응

소멸시기 : 16세기 「번역노걸대」에 나타나지 않음

음가 : 확실하지 않다.

변천과정 : ㅇㅇ > ㅇ

용례 : 어두에서는 쓰이지 않고, 동사 어중에서 어기와 피동형 어미 또는 사동형 어미 사이에서 나타났다. → 미ᅇᅮ미, 沐浴ᄒᆡᅇᅧ

7) [ㆅ] 쌍히읗

소멸시기 : 16세기 '번역노걸대'에서 'ㅎ'로 표기됨

음가 : [h]와 [k]에 비슷한 음이었을 것으로 추정

변천과정 : ㆅ > ㅋ, ㅆ → 혀다 > 켜다, 쓰다(방언)

용례 : '훈민정음' 해례 제자해에 의하면 'ㆅ'은 'ㄲ, ㄸ, ㅃ, ㅉ, ㅆ'과 더불어 전탁음이다. 'ㆅ'은 중국한자음 표기에는 유성음을 표기하는 데 사용되었고, 고유어에서는 된소리를 표기하는 데 사용되었다.
　㉠ 고유어에서 'ㅕ'의 초성음으로만 쓰임 → 혀다
　㉡ 동국정운식 한자음에 쓰임 → 洪(홍), 合(합)
■ Graphonomy

| 참고자료 |

1) 강길운(1993) '國語史精說', 형설출판사.
2) 고영근·남기심, '중세어자료강해'
3) 백웅진(1999), '한국어 역사 음운론', 박이정.
4) 안병희(1992), '국어사 자료 연구', 문학과 지성사.
5) 이기문(1994), '國語史槪說(개정판)', 탑출판사.
6) 한국어학연구회(1994), '국어사자료선집', 박이정.
7) 동국정운全, 건국대학교 영인본.

제11장 또 다른 언어 문자 - 수화

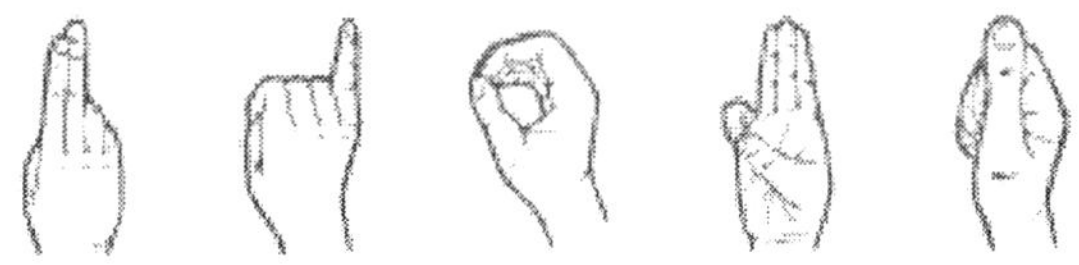

수화(Sign Language)

　　수화는 모든 문자의 기원인 상형문자와 같은 문자성을 갖는다. 아울러 구석기 시대 이전부터 사용된 아주 오래된 의사소통 방식이다. 초기 인류는 입과 귀를 이용한 언어 생활보다, 손과 몸을 사용한 언어 생활에 더욱 익숙해져 있었을 것이다. 따라서 수화는 따뜻한 눈과 손으로, 정겨운 몸짓으로 말하는 방법이다.

1. 수화와 기호언어

수화는 훌륭한 기호언어이다.

숫자 지화
"과연 얼마를 의미하는 걸까?"

수화(手話, sign language)란 농인 사회에서 의사소통의 수단으로 사용되는 비음성적 시각 언어이다. 현재 청각 장애인 교육은 독일식 구화(口話) 교육과 프랑스식 수화 교육으로 양분되어 있는데 독일식 구화 교육은 청각 장애인들이 비록 말소리는 아니더라도 입모양으로라도 의사를 전달하는 교육을 받아야 한다는 입장이다. 일반인이 이해하지 못하는 청각 장애인들의 수화는 단순한 몸짓에 불과하며 인간의 두뇌에서 언어로 인식될 수 없다는 것이다. 그러나 최근 인지과학의 발달은 인간의 뇌와 인지능력에 관한 분야에 관심을 갖게 하고 있으며 수화능력이 인간의 언어능력처럼 인식될 수 있다는 연구가 이루어지고 있다.

일반적으로 수화란 수화, 지문자(지화), 그리고 생활수화로 이루어지는 기호 언어이다. 그렇다면 수화는 문자언어인가? 음성언어인가?

수화는 청각을 이용하는 음성체계가 아니라 시각을 이용하는 손짓·몸짓 운동체계이다. 이렇듯 수화는 공간을 필요로 한다는 점, 모양을 흉내낸다는 점에 있어서 상형문자와 같은 문자성을 갖는다. 수화의 각 기호는 형(形)과 의(意)를 가지고 있으며, 손의 변형으로 자모(字母)를 나타내는 지문자는 글자를 그대로 써보이므로 문자언어와 다를 바가 없다. 그러나 지문자에는 형은 있으나 의는 없다. 그러므로 수화는 **상형문자**에, 지문자는 **음소문자**에 해당한다고 볼 수 있다. 한편, 그것이 기록될 수 없고 순간적이라는 관점에서는 비문자성을 가지며 음성언어에 가깝다.

수화는 상형문자인 한자와 그 구성 방법이 유사한 것을 보더라도 그 문자성을 알 수 있으며 고립어적이라 할 수 있다. 그러나 한자가 형, 의, 음 모두를 가지고 있음에 비하여 수화는 형과 의만을 가지고 있어 이와도 구별된다. 이렇듯 수화는 음성 언어적인 면과 문자 언어적인 면을 아울러 가지고 있으며 또한 이 두 언어가 갖는 특성들을 가지고 있지 않기도 하는 것이다. ■ Graphonomy

| 참고자료 |

1) 김승국(1982), <韓國 手話의 心理言語學的 研究>, 성균관대학교 심리학과 박사학위논문.
2) 석동일(1989), <韓國 受話의 言語學的 分析>, 대구대학교 특수교육학과 박사학위논문.

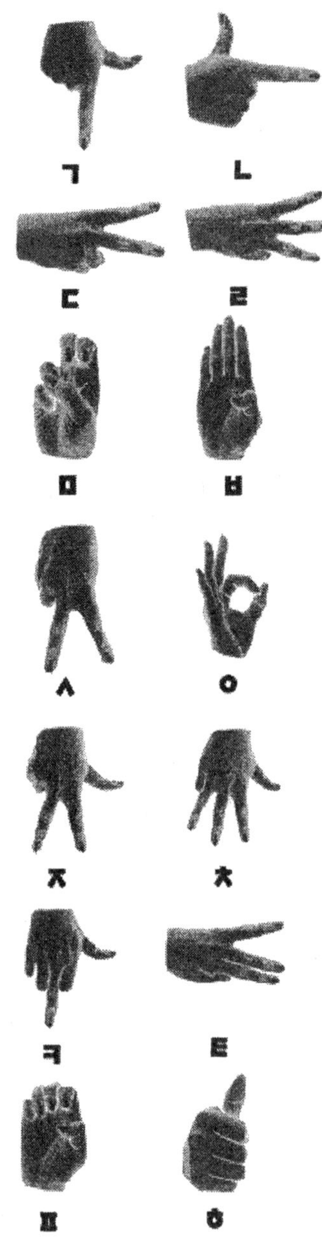

2. 수화기호의 구성법

관념을 눈에 보이게 하려면?

수화에 관한 최초의 연구는 심리학자인 분트 Wunt (1900)에 의해 이루어졌는데, 동작으로 관념을 나타내는 방법에는 지사(指事)와 모방(模倣)의 기본적인 두 가지 방법이 있으며 수화에는 이 두 가지 기본 기호인 지사기호와 모방기호가 있다고 하였다. 또한 모방기호는 모사(模寫), 표상(表象), 상징(象徵)으로 나눔으로써 4개의 개념 표현 방법으로 나누었다. 그 후 스토케 Stokoe, 개스터린 Casterline, 크론버그 Croneberg (1965)는 수화의 기호를 분트의 분류와 유사하게 몸짓기호, 모방기호, 표지기호, 지사기호, 어두지시기호, 명칭기호 등 6개로 나누었다.

김승국(1982)은 한국 수화의 기호를 분석하고 수화의 기호 구성 방법을 지사(指事), 모방(模倣), 상형(象形), 형동(形動), 형지(形指), 회의(會意), 전주(轉注) 등 7가지로 나누었다. 이는 한자의 육서인 상형(象形), 지사(指事), 형성(形聲), 회의(會意), 전주(轉註), 가차(假借)와 매우 흡사함을 알 수 있다. 즉, 형과 의만을 갖는 수화는 한자의 형, 음, 의 중 음에서 비롯한 형성과 가차를 제외하고 형지, 모방, 형동 등을 첨가시킨 것으로 볼 수 있다. 이곳에서는 김승국의 7가지 구성 방법을 한국 수화의 예와 함께 살펴 보기로 한다.

1) 지사 指事

지사란 사물을 지칭하여 가리키는 것을 말한다. 이에는 단어가 의미하는 것을 가리키는 것(머리), 단어가 의

빨강

미하는 대상, 성질 또는 상태를 연상하게 하는 것을 가리키는 것(빨강 - 입술), 단어가 의미하는 것이 들어 있거나 들어 있다고 생각되는 것을 가리키는 것(마음 - 목), 단어가 의미하는 방향을 가리키는 것(아래), 단어가 의미하는 것을 상징하는 방향을 가리키는 것(과거 - 귀 뒤) 등이 있다.

인체 부위나 공간을 가리키는 명사, 사람이나 사물, 처소를 그 이름 대신 주관적으로 가리키는 인칭대명사 및 지시대명사, 시간을 가리키는 명사 등과 같이 가리키는 동작이 의미하는 것이 무엇인지 쉽게 변별할 수 있는 것은 모두 지사로 표시한다.

2) 모방 模倣

모방이란 단어가 의미하는 동작을 흉내내는 것을 말한다. 이에는 단어가 의미하는 동작과 같은 동작을 그대로 해 보이는 것(꼬집다), 단어가 의미하는 동작의 특성을 본뜬 동작을 해 보이는 것(보다 - 엄지와 검지를 동그랗게 하여 눈앞에서 내밈), 단어가 의미하는 것과 관련 있는 동작을 해 보이는 것(도장 - 엄지를 찍음), 단어가 의미하는 대상의 기능이나 그 일부에 해당하는 동작을 해 보이는 것(날개 - 두 손의 손목을 상하로 흔듦), 단어가 의미하는 대상의 성질을 묘사하는 동작을 해 보이는 것(눈물 - 검지를 눈밑에 댔다가 흐르듯 내림), 단어가 의미하는 것을 상징하는 동작을 해 보이는 것(갈증 - 손을 목에 대고 문지름) 등이 있다.

3) 상형 象形

상형이란 단어가 의미하는 대상의 형체나 그 형체의 변별자질을 손이나 손가락으로 나타내는 것을 말한다. 이에는 단어가 의미하는 대상의 형체를 그려 보이는 것(십자가 - 두 검지를 +로 맞댐), 단어가 의미하는 것의 윤곽을 그려 보이는 것(얼굴 - 검지로 얼굴 윤곽을 그림),

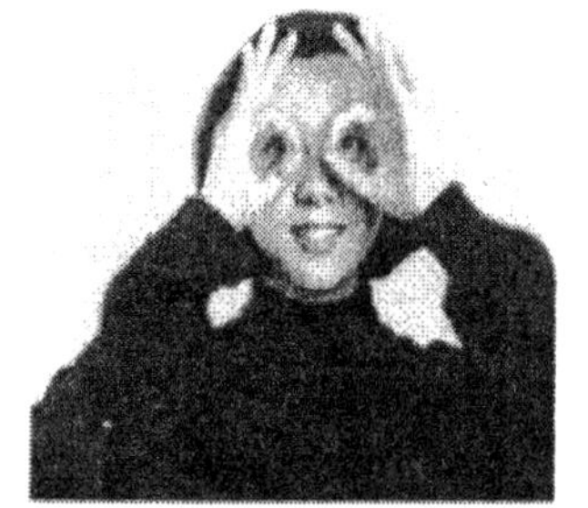

보다

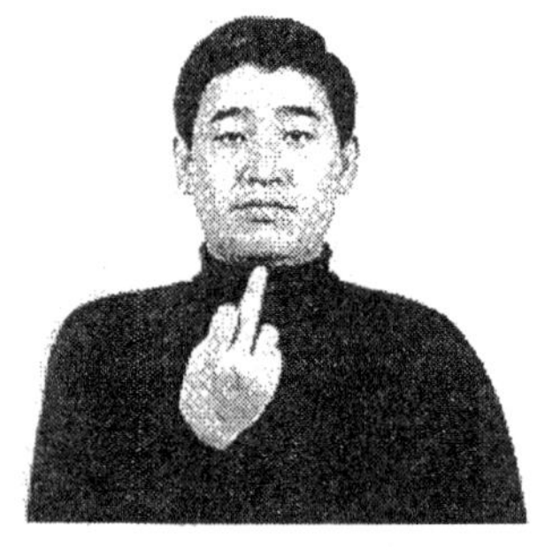

산

손이나 손가락으로 단어가 의미하는 것의 형체를 만들어
보이는 것(산 – 주먹을 세워 중지를 폄), 단어가 의미하
는 형체 중 시각적 변별력을 가지는 일부 특징을 그려 보
이는 것(대궐 – 두 검지로 지붕을 그림), 단어가 의미하
는 것과 관련 있는 대상을 묘사하는 것(저금 – 양 손의
엄지와 검지를 붙여 서로 댔다 뗐다 함), 단어의 한자를
써 보이는 것(분), 단어의 한자를 완전한 또는 불완전한
형체로 만들어 보이는 것(중), 단어의 부호를 써 보이는
것(곱셈 – 양 손의 검지를 X로 맞댐), 지문자를 써 보이
는 것(찬성 – 엄지와 검지로 동그랗게 하여 돌림), 한글
자모의 첫 글자를 써 보이는 것(–고 – 지문자 'ㄱ') 등이
있다.

4) 형지 形指

대상의 형체를 만들어 보이고 그것을 가리키는 동작
을 해 보이는 것을 말한다. 비탈, 모퉁이, 계단 등이 이에
속한다. 형체만 만들어 보이거나 가리키는 동작만을 해
보임으로써 그것이 의미하는 바가 무엇인지 전할 수 없는
것은 이와 같은 방법으로 기호화한다.

5) 형동 形動

대상의 형체나 그 일부를 만들어 그 대상이 하는 동
작을 해 보이는 것을 말한다. 잠자리, 코끼리 등이 이에
속한다. 형체만 만들어 보이거나 대상의 동작만 해 보임
으로써 그것이 의미하는 바가 무엇인지 전할 수 없는 것
은 모두 이와 같은 방법으로 기호화한다.

6) 회의 會意

둘 이상의 형태소를 합쳐 다른 의미를 가지는 단어의
기호를 만드는 것을 말한다. 이에는 둘 이상의 기존 기호
가 합쳐져 다른 의미를 가진 단어의 기호가 된 것(일요일
– 빨강 + 결석), 수화의 기존 기호와 지문자로 구성된

계단

코끼리

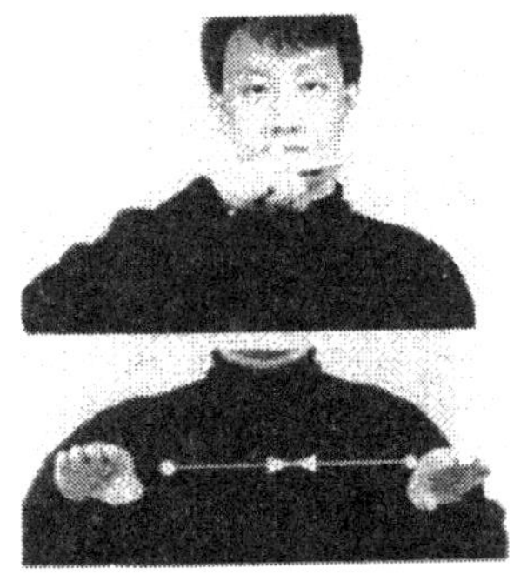

일요일

것(카톨릭 – 성호 + 지문자 C), 지문자와 수화의 새로운 화소로 구성된 것(정오 – 지문자 12 + 중앙), 수화의 기존 기호와 새로운 수화소로 구성된 것(口話 – 입 + 말) 등이 있다.

7) 전주 轉注

기존의 기호가 그것이 의미하는 단어의 동의어나 유사어의 뜻을 나타내는 것을 말한다. 교사의 뜻을 나타내기 위해 사용되는 기호가 교원, 교육자, 사범, 선생, 스승 등의 뜻을 나타냄에 쓰이는 것이 이에 속한다. 수화에서는 단어의 수가 부족하므로 이러한 전주의 방식이 사용되는 경우가 매우 흔하다. ■ Graphonomy

| 참고자료 |

1) 김승국(1994) '한국 수화 연구', 오성출판사.
2) 한국청각장애자복지회 편저(1995), '사랑의 수화교실', 수험사.

3. 수화소

입과 귀가 아니라면 무엇으로?

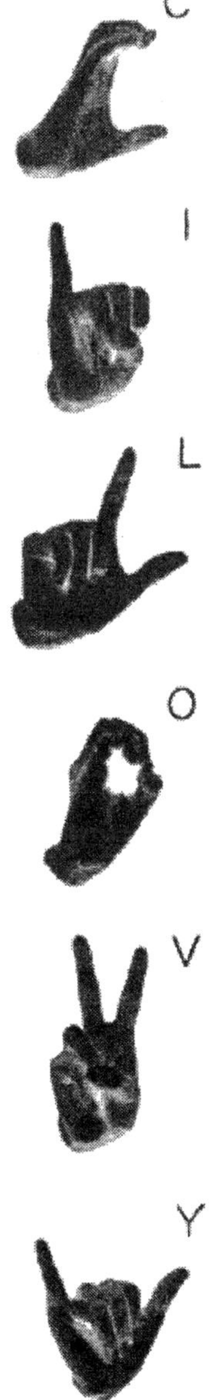

수화소(手話素)의 개념을 최초로 발전시킨 사람은 스토케 Stokoe(1960)이다. 그는 수화소를 수형(手形, designator DEZ)소, 수위(手位, tabulator TAB)소, 수동(手動, signation SIG)소의 3가지로 나누었다. 그리고 다시 DEZ는 19개, TAB는 12개, SIG는 24개의 부호로 나타낼 수 있다고 하였다. 김승국(1982)에서는 한국 수화의 기호를 분석하고 수화소에는 수형, 수위, 수동, 수향, 체동 등 5가지로 나누고 다시 수형에 29, 수위에 23, 수동에 36, 수향에 20, 체동에 20개소가 있다고 하였다.

1) 수형소 手形素

의미있는 위치에서 의미있는 운동을 하는 한 손 또는 두 손의 결합 구도를 수형이라고 한다. 이러한 수형소에는 인체 생리학적으로 보편성이 있으며 대체로 다음과 같은 것들이 있다.

주먹을 쥔 손 혹은 엄지를 편 손	A
자연스럽게 편 손	B
C모양으로 굽힌 또는 그보다 약간 더 벌린 손	C
손가락 마디를 굽힌 손	E
엄지와 집게손가락 끝을 맞대고 나머지 손가락을 편 손	F
주먹을 쥐고 집게손가락만 편 손	G
주먹을 쥐고 집게와 가운데손가락을 붙여 편 손	H
주먹을 쥐고 새끼손가락을 편 손	I

2) 수위소 水位素

수화 행동의 위치 표지로서 특히 의미있는 결합구도
즉, 수형이 의미있는 운동을 하는 위치를 수위라 한다. 인
체 생리학적으로 보편성이 있으며 머리, 이마, 눈썹, 눈,
귀, 코, 관자놀이, 뺨, 입, 턱, 목앞, 목 뒤, 어깨, 척추, 가
슴, 배, 옆구리, 허리, 엉덩이, 대퇴 상부, 상박, 팔꿈치,
전박, 손목과 같은 것들이 있다.

3) 수동소 手動素

수화 행동의 운동 성분 또는 시상으로서 특히 의미있
는 위치에서 하는 의미있는 결합구도 즉, 수형의 운동을
수동이라고 한다. 인체 생리학적으로 보편성이 있으며 상
향 운동, 하향 운동, 상하 운동, 우향 운동, 좌향 운동, 좌
우 운동, 내향 운동, 외향 운동, 전후 운동, 수평회전 운
동, 비틀기, 굽히기, 괄호 열기, 괄호 닫기, 손가락 흔들
기, 순환 동작, 포위·집중·접근 동작, 접촉 동작, 연결
동작, 교차 동작, 진입 동작, 절단·분리 동작, 번갈아 하
기, 동북향 운동, 서북향 운동, 동남향 운동, 서남향 운동,
수직회전 운동, 눕히기, 퉁겨펴기, 뒤집기, 빠른 동작, 보
통속도 동작, 느린 동작, 강한 동작, 부드러운 동작 등이
있다.

4) 수향소 手向素

손바닥 또는 손등과 손가락의 방향을 수향이라고 한
다. 인체 생리학적으로 보편성이 있으며 손바닥과 손가락
의 방향에 상향, 하향, 우향, 좌향, 외향, 내향, 동북향, 동
남향, 서북향, 서남향 등이 있다.

5) 체동소 體動素

손이나 손가락이 아닌 다른 신체 부위의 동작을 체동
이라 한다. 인체생리학적으로 보편성이 있으며 머리로 받

는, 머리를 옆으로 숙이는, 놀라는, 얼굴을 찡그리는, 눈을
감는, 입을 꼭 다문, 말하는, 입김을 부는, 침을 뱉는, 무
는, 숨을 들이키는, 한숨을 쉬는, 몸서리를 치는, 거만한
태도의, 더운, 헐떡이는, 흐느끼는, 허둥대는, 몸을 좌우로
돌리는, 목과 몸을 움추리는 시늉 등이 있다.

■ Graphonomy

| 참고자료 |

1) 석동일(1989) <한국 수화의 언어학적 분석>, 대구대학교 박
　　　　　　사학위논문.
2) Stokoe, W.C.(1960), Sign language structure : An outline
　　　　　　of the visual communication systemsof the
　　　　　　American deaf, Studies in Linguistics,
　　　　　　Occasional Papers 8, University of Buffalo Press.

4. 수화의 보편성

그들끼리는 우리끼리보다 더 잘 통한다.

1) 수화의 습득과 문화적 보편성

터보트 Tervoort(1967)는 못 듣는 아동이 수화를 습득하는 단계는 듣는 아동이 음성언어를 습득하는 단계와 비슷하다고 하였다. 윌버 Wilbur, 존스 Jones (1974), 맥린 McIntire(1974) 등에 의하면 정상아는 생후 9~10개월이 되었을 때 최초의 단어를 사용하고 18개월이 되어야 두 단어로 된 문장을 사용하지만, 농부모를 가진 농아동은 그보다 2~3개월 앞서 수화를 사용하고 생후 10개월이 되면 두 기호를 조합하여 사용할 수 있다고 한다. 이처럼 수화의 습득이 음성언어의 습득에 앞선다는 것은 인간 언어의 진화 발달 단계에 있어서도 몸짓언어가 음성언어의 발달에 앞설 것이라는, 수화가 언어계통 발생의 근원이 될 수도 있을 것이라는 가정을 가능하게도 할 수 있을 것이다. 모든 언어에 문화적 보편성이 있듯이 수화에도 문화적 보편성이 있으며, 음성언어는 자의성을 기반으로 하기 때문에 내용의 보편성에도 불구하고 표현(소리)이 다를 수도 있으나 수화는 표현에 있어서도 많은 부분 보편성을 가지고 있다.

2) 수화소에 기초한 보편성

다음과 같은 수화소와 그것이 갖는 의미의 보편성을 일부 확인할 수 있다.

수형　[A] 남자, 사람, 좋다　　[B] 의문사
　　　[G] 인간, 지시, 발화　　[H] 보다, 발

~입니까?

좋다

기쁘다

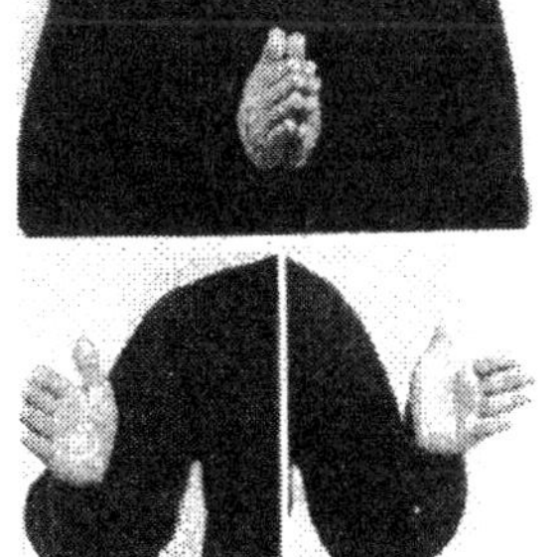

시작

	[I] 여성, 나쁘다	[O] 돈, ‘OK’
수위	[머리] 정신적 활동	[이마] 병, 남성
	[볼] 혈연, 여성	[눈] 보다
	[코] 가치평가	[입] 말하다, 먹다
	[귀] 듣다	[어깨] 책임
	[가슴] 감정	[겨드랑] 열
	[팔] 힘, 기술	[손바닥] 의료 관계

수동	[반대방향] 대응어	[원운동] 그룹
	[강하고 날카로움] 갑작스럽고 셈	
	[약하고 부드러움] 느리고 연함	
	[손벌림] 시작, 떨어짐	[손닫기] 끝, 획득

위에서 살펴 보면 주먹 쥐고 엄지를 편 손은 ‘남자’와 ‘좋다’를, 약지를 편 손은 ‘여자’와 ‘나쁘다’를, 손바닥을 편 손은 ‘입니까?’ 등의 의문사를, 엄지와 검지를 동그랗게 만들면 ‘돈’을, 머리를 가리키면 ‘정신’과 관계되며, 뜨거운 이마는 ‘병’을, 코는 ‘좋다’, ‘나쁘다’, ‘무시하다’ 등의 가치 평가를, 눈은 보는 데에, 입은 말하고 먹는 데에, 귀는 듣는 데에, 가슴은 ‘기쁘다’, ‘슬프다’, ‘안심하다’, ‘걱정하다’ 등의 감정 상태를, 또한 손놀림을 강하고 날카롭게 한다든가 약하고 부드럽게 하여 상태를 표현한다든가, 손을 벌려 ‘시작’의 의미를, 손을 닫아 ‘끝’의 의미를 나타내는 것이 수화에서 보편적인 것은 수화가 표현과 내용 사이에서 갖는 사상성(iconicity)과 필연성을 갖기 때문이다. 이는 수화가 신체 부위를 이용해야 하는 한계성과 신체 부위가 갖는 뚜렷한 속성에서 말미암은 것으로 음성언어가 소리와 의미 사이의 무한한 자의성을 향유하는 것과 대비되는 점이다. ■ Graphonomy

| 참고자료 |

1) 김칠관(1998), ‘한국 수화 어원 연구’, 인천성동학교.
2) 석동일(1989) <韓國 受話의 言語學的 分析>, 대구대학교 특수교육학과 박사학위논문.

3) 장진권(1995), <韓國 手話의 語源的 意味>, 단국대학교 교육
　　　　대학원 석사학위논문.
4) Mclntire, M.L.(1974), A modified model for the description
　　　　of language acquisition in a deaf child,
　　　　Unpublished M.A. thesis, California State
　　　　University.
5) Stokoe, W.C.(1960), Sign language structure: An outline of
　　　　the visual communication systemsof the
　　　　American deaf, Studies in Linguistics, Occasional
　　　　Papers 8, University of Buffalo Press.
6) Stokoe, Casterline, Croneberg(1965), A dictionary of
　　　　American sign language on linguistic principles,
　　　　Washington, D.C. : Gallaudet College Press.
7) Tervoort, B.(1967), Analysis of communicative structure
　　　　patterns in deaf children, U.S. Department of
　　　　Health, Education, and welfare, Gronigen,
　　　　The Netherlands: University Press.
8) Wilbur, R.B. & Jones, M.L.(1974), Some aspects of the
　　　　bilingual bimodal acquisition of sign and
　　　　English by three hearing children of deaf
　　　　parents, In R. Fox & A. Bruck(Eds.),
　　　　Proceedings of the tenth regional meeting,
　　　　Chicago Linguistic Society.
9) Wundt, W.(1900), Die Sprache, Volkerpsychologie, Leipzig :
　　　　Wilhelm Engelmann.
10) 한국청각장애자복지회 편저(1995), '사랑의 수화교실', 수험사.

5. 수화의 문법성

수화에도 문법이 있다.

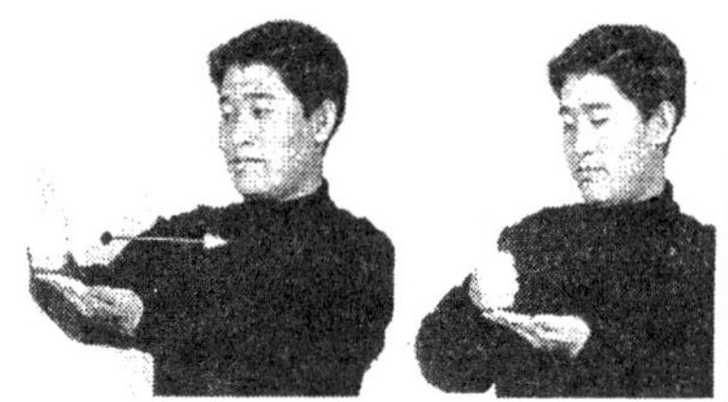

초대하다

　　수화에는 자연수화와 문법형식을 나타내기 위해 만든 문법수화가 있다. 자연수화만으로는 의사소통에 제한이 있기 때문에 점점 문법수화가 개발되고 있는 실정이며 문법수화는 자연수화에 없는 문법성을 더하여 가지고 있다. 그러나 아직까지도 수화는 음성언어의 어휘 수에 비교가 안되게 부족한 어휘 수를 가지고 있다. 일반적으로 ASL(American Sign Sanguage)은 10,000 여개, JSL(Japanese Sign Language)은 8,000 여개, KSL(Korean Sign Language)은 5,000 여개의 어휘를 가지고 있다고 한다.

　　일반적으로 자연수화는 실질형태소로만 이루어져 있으며 의존형태소인 굴절어미나 파생접사인 접두사나 접미사가 없는 것이 원칙이다. 또한 한 단어가 여러 품사로 쓰여 품사 분류도 할 수 없는 등 일반적으로 그 문법성이 희박하다고 할 수 있다. 즉, 수화의 어근은 동일한 기호로서 명사·동사·형용사 등으로 쓰이며 관계언이나 연결어미가 없어 스타카토식 발화로 나타나 문법이 없는 것으로 보인다. 그러나 한편 수화가 갖는 손놀림의 장치로 음성언어가 가질 수 없는 탄탄한 어휘망을 가질 수도 있다. 복합어, 유의어, 대립어 등의 구성법이나 능동/피동의 구성 방식에서 수화 특유의 생산적인 구성방법을 사용함으로써 음성언어에서 찾아 볼 수 없는 유용한 문법장치를 가지고 있다고 볼 수 있다. 예를 들어 피동문 구성은 음성언어에서보다 훨씬 간편하게 이루어진다. 동작의 방향을 반대로만 하여 구성되기 때문이며, '보다 - 보이다', '초대하다 - 초대받다' 등이 그것이다

1) 체언

국어의 명사에는 보통명사 외에 극히 적은 의존명사 (년, 회)가 있으며, 고유명사는 지문자나 이름이 갖는 뜻 혹은 그것이 갖는 특수한 의미로 나타낸다. 대명사에는 인칭대명사와 지시대명사가 있으며 인칭대명사에 높임법이 없다. 수사에는 양수사와 서수사가 있으며 양수사는 지숫자로 나타내고 서수사는 지숫자와 수화 기호의 병렬로 나타낸다. 국어에서는 체언에 조사가 붙지만 수화에서는 조사가 거의 없다. 독자적인 기호를 가지고 있는 것은 '부터, 와/과'뿐이고 다른 기호에서 전이된 '까지, 만, 보다, 에서' 등 부사격 조사나 특수조사가 있다. 격조사는 원칙적으로 없어 흔히 생략되며 개발된 문법수화에서 첫소리의 지문자로 사용될 뿐이다(가 ㄱ, 를 ㄹ). 이는 격조사가 문법적 관계만을 나타내는 조사임에 비하여 부사격조사나 특수조사는 의미가 있는 조사이기 때문이다.

2) 용언

국어에서는 용언인 동사와 형용사가 어미활용을 하지만 수화에서는 활용을 하지 않는다. 일반적으로는 시제 표시가 생략되나 과거 표시로는 해당 동사 다음에 '마치다, 끝'을 나타내는 수화를 더하고 미래 표시로는 해당 동사 다음에 몸을 앞으로 당겨 붙인다. 양상 표현은 운동의 크기나 양으로 나타낸다. 존대법은 나타나지 않고 '님'을 나타내는 수화를 가지고 있을 뿐이다.

3) 어순

어순에 있어서는 황도순(1994)에 의하면 한국 수화에 *SOV*외에 변형 구조도 많이 나타나 음성언어보다 더 자유로운 어순을 가지고 있는 것으로 나타난다. 실제로 한국의 수화 사용자들은 *SVO* 어순을 상당히 많이 사용하고, 의문사를 문장 끝에 두는 등 음성언어에서는 허용되지 않는 어순을 사용하고 있음을 볼 수 있다. 한편 내포문과 같은 복합문 구성에는 어려움이 있을 것으로 보인다. 음성언어에서 복합문 구성을 하는 "나는 네가 가는 것을 보았다."와 같은 문장은 스타카토식 발화법으로 "네가 가다."와 "나는 보았다."로 나뉘게 된다.

현재 우리 나라에는 35만명 가량의 청각장애인이 있다. 수화 사용자는 소수이며 흩어져 살고 있어서 많은 방언을 갖기가 쉬우며, 또한 통일된 수화로 체계적인 교육을 시키지 않아서 이의 표준화가 시급하다. 수화가 우리 나라에 처음 도입된 것은 1909년 평양맹아학교에서 중국식 수화를 교육하면서였다. 그 후 제생원(현 서울 선희학교)에서 일본식 수화 교육을 실시했고, 1913년 국립맹학교 초대 교장인 윤백원 선생이 한글 지문자를 창안하였다. 1991년에 자연수화의 기호와 지문자를 병용하여 국어문법에 맞게 정한 문법수화인 '한글식 수화'를 표준화하면서 수화의 기호 표준화 작업도 병행했는데 아직도 2~3가지 기호로 표준화된 기호도 있다. 그 동안 이루어진 작업은 '한국표준수화'(1993, 김승국)에 수록되어 있으며, 문화관광부는 2000년부터 '한국표준수화규범'을 제정하고 있다. 이 사업은 수화 방언을 표준화하고 어휘 수를 선진국 수준인 7000 단어 이상으로 늘려 정상인에 가까운 의사표현 능력을 갖추게 하는 것이 목표다.

비음성언어를 의사소통의 수단으로 사용할 수밖에 없는 농인을 위해서는 수화 기호의 표준화 연구를 계속해야 할 것이며, 자연수화의 기호와 지문자의 병용 효과, 그리고 지화의 전용 효과에 관한 전반적인 연구가 이루어져야 할 것이다. ■ Graphonomy

| 참고자료 |

1) 최인옥(1984), <受話 使用 聾兒童과 口話 使用 聾兒童의 構文 特性 比較研究>, 단국대학교 교육대학원 석사학위논문.
2) 황도순(1994), <聾學生 手話의 統辭構造와 發達>, 단국대학교 대학원 박사학위논문.

제12장. 컴퓨터 문자

컴퓨터 자판

VDT(Visual Display Terminal) 증후군이나 *Webaholics*와 같은 신종용어가 생겨날 정도로, 오늘날 현대인의 생활은 컴퓨터에 많은 부분을 의지하고 있다. 실제로 재택수업은 물론 증권거래와 은행업무, 편지 교환에 이르기까지 일상 생활과 관련된 다양한 잡무를 컴퓨터를 통해 처리하고 있다. 따라서 가독성과 예술성을 고려한 컴퓨터 문자에 대한 관심이 그 어느 때보다 크게 고조되고 있다.

1. 컴퓨터 글자꼴

컴퓨터 글자꼴은 21세기의 중요한 자원이다.

■ *Bitmap Font* : 여러개의 점으로 이루어진 글자꼴로서, 화면에 빠르게 표시되기 때문에 *E-Book* 이나 *PDA*의 *LCD* 창에 널리 사용된다.

■ *Out Line Font* : 외곽선이 깨끗한 글자꼴로서, 컴퓨터그래픽이나, 해상도가 좋은 문서 출력에 주로 사용된다.

필사본					
인쇄본	아날로그	목판본	판본체		
		활자본	목활자	제작연도	갑인(甲寅)자...
				간행문헌	동국정운자...
				글자형태	전서체, 초서체...
			금속활자	제작연도	갑인(甲寅)자...
				간행문헌	상정예문자...
					철(鐵)활자
				활자재료	동(銅)활자
					연(鉛)활자
				글자형태	전서체, 초서체...
			흙활자		
			진흙활자		
	▼		도(陶)활자		
	디지털	컴퓨터	사용방식	Bitmap	
				Outline	
			구성방식	조합형	
				완성형	
			조합형태	네모틀	
				탈네모틀	
			사용언어	중국어, 일본어...	
			제조회사	산돌체, 휴먼체...	
			글자형태	고딕체, 필기체...	
			개 발 자	송성훈체...	

　　CI(Corporate Identification)는 기업의 이미지를 효율적으로 관리하는 홍보 전략 프로그램이다. 따라서 자체 글자꼴을 개발하거나, 전용서체를 지정하는 일은 궁극적으로 판매(marketing) 전략의 일종인 셈이다. 대표적인 *CI*형 글자꼴 가운데 영국의 유력 일간지 *The Times*의 *Times New Roman*체를 비롯하여 문화방송체, 한국방송통신대학체, 전라북도체, 천리안체, 하이텔 체 등은 글꼴을 공유하는 방법으로 친숙한 이미지 구축을 시도하고 있다. 또한 *SK* 홍보팀은 진취적이고 현대적인 기업

이미지를 부각시키기 위해 고딕체를 지정서체로 사용하고 있으며, 부드러운 이미지를 홍보하고자 할 때에는 명조체를 사용하는 규정을 마련해 놓고 있다. 이외에도 신명조체와 중명조체는 긴 문장의 출판물이나 팜플렛에 사용하고, 태명조체나 견출명조체는 짧은 문장이나 광고문안 등에 사용하고 있다. 지정서체는 *CI* 프로그램의 일환으로 거의 모든 기업이나 기관들이 정해 놓고 있는데, 가장 선호되는 글꼴은 고딕체와 명조체이다.

명조체

명조체(明朝體)는 중국 명나라에서 유래된 글자꼴로서, 바탕체라고도 한다. 한글 글자꼴 가운데 가장 대표적인 세리프체로서 글자의 모양은 조선시대 궁중 나인들이 사용했던 궁체(宮體) 가운데 해서체와 유사하며, 획을 시작하거나 마무리할 때, 서예의 필법에서 사용하는 측(側)이나 책(策)과 같은 장식이 덧붙었다. 또한 세로 획의 굵기가 가로보다 굵고, 세로획은 아래로 내려갈수록 가늘어지며, 다른 글자꼴에 비해 받침 글자의 크기가 작은 것이 특징이다.

명조체는 눈에 잘 띄는 판독성은 떨어지지만, 세리프를 사용함으로써 시각적으로 자연스럽고 편안한 느낌을 준다. 따라서 제목용 글꼴보다는 본문용 글꼴로 사용되는데, 가독성이 뛰어나, 일반적으로 신문이나 교과서 등의 작은 본문용 글꼴로 주로 사용된다. 글자꼴은 제일 가는 세명조에서부터 중명조, 태명조, 견출명조 순으로 굵어지는데, 각 단계별로 약 10% 정도의 시각적인 무게감이 늘어난다.

컴퓨터 글자꼴로 널리 사용되는 명조체에는 문체부바탕체, 한양신명조체, 휴먼명조체, 한컴바탕체, 윤디자인웹명조체, 신문명조체, 신신명조체, 순명조체, 특견명조체 등이 있다.

고딕체

고딕체는 역사가 깊은 글자꼴로서, 12세기말 이탈리아에서 처음 사용되었고, 이후 20세기 초 미국에서 산세리프체가 개발되면서 붙여진 글자꼴의 이름이다. 돋음체라고도 하는, 고딕체는 대표적인 산세리프체로서 수식이 없는 단정한 글자꼴이다. 또한 선이 굵고 균일하기 때문에 진취적이고 강인한 느낌을 받을 수 있다. 반면에 다소 보수적이고 경직된 느낌을 받을 수도 있다. 따라서 고딕체는 제목용 글자꼴로 많이 사용되고 있으며, 판독성이 높기 때문에 간판이나 포스터 등에 주로 이용된다.

일반적으로 고딕체는 가독성이 떨어지기 때문에 본문용으로 사용하기 보다는 주로 중요한 내용을 강조하고자 할 때 사용된다. 고딕체는 문체부돋음체와 윤디자인웹고딕체처럼 전형적인 고딕체가 있는가 하면 태수려고딕체과 송성훈신고딕각체처럼 기존의 고딕체를 수정한 것도 있다.

샘물체

샘물체는 안상수체와 함께 기존의 모아쓰기 개념을 파괴한 글자꼴로서, 한글 글자꼴 가운데 가장 대표적인 탈네모꼴이다. 글자꼴의 모양은 고딕체와 같은 산세리프체로서 수식이 없지만, 남성적이라기보다 여성적이다. 또한 샘물체는 동일한 글자꼴 크기에서 상대적으로 다른 글자꼴보다 작게 표시되는 데다가, 자모 조합 유형에 따라 글자의 네모틀이 변형되므로 가독성이 떨어진다.

샘물체는 판독성이 높기 때문에 중요한 내용을 강조할 때 사용하거나, 본문용보다는 제목용으로 사용하는 경우가 더욱 많다. 샘물체에는 안상수체, 휴먼샘체, 휴먼팸체, 한양샘물체, 송성훈 샘체 등이 있다.

이외에도 더티폰트, 곰팡이폰트 등 새로운 형식의 실

험적인 글꼴들이 개발되고 있는 중이다. ■ Graphonomy

| 참고자료 |

1) 김호영(1992), <명조체와 샘물체 단어모양이 한글인식에 미치는 효과>, 연세대 석사학위논문.

2. 통신 문자

통신문자는 새로운 의사소통 방식이다.

Emoticon : 컴퓨터 자판의 문자나 기호를 조합하여 사람의 감정 emotion을 아이콘 icon화하여 표현한다는 뜻.

Smiley : 1980년대 미국 카네기 멜론 대학의 스콧 펠만이라는 학생이 이메일에 심각하게 받아들이지 말라는 뜻으로 웃는 얼굴을 덧붙여 보낸 것이 계기가 되어 사용되는 웃음문자.

ASCII ART : 미국 정보교환 표준코드(ASCI)를 뜻하는 아스키 코드로 그림을 그린 것으로, 오늘날 이모티콘의 시조이다. 중국에서는 '*ASCII* 도안(圖案)'이라고 부르고, 미국을 비롯한 유럽권 국가에서는 '*ASCII ART*'고 부른다.

Face Mark : 이모티콘이 대체로 얼굴 표정을 나타낸다는 점에 근거하여 일본에서는 '顔文字'라는 명칭이 일반적으로 통용되고 있다.

통신문자는 문장의 형태인 **텍스트**(text)형과 그림의 형태인 **이미지**(image)형으로 구분할 수 있다. 이 가운데 **텍스트형 통신문자**는 표준어를 소리나는대로 표기하는 표음주의적 방식에 따르거나, 표준어를 낯설게 재구성하는 방식에 따라 만들어진다. 따라서 소리나는 대로 쓰거나 줄여 쓰는 것 이외에도 음운의 축약(시험>셤), 탈락(메일>멜), 첨가(재밌당)를 비롯하여 외국어 차용(안녕>하이루)에 이르기까지 다양한 방법을 이용하여 표준어를 해체한다. 이러한 사회현상의 이면에 자리잡고 있는 일종의 심리학적 기제는 사회에 대한 불만이나 저항으로 평가되기도 하고, 새로운 의사소통매체에 적응하는 과도기적인 문화로 평가할 수도 있다. 그러나 텍스트형 통신문자는 올바른 언어표현을 완전히 습득하지 못한 청소년층의 언어 생활이 우려된다는 점에서 심각한 사회문제로 지적되고 있다.

이와 달리 **이미지형 통신문자**는 20세기의 새로운 패러다임으로 떠오른 *Minimalism*에 근거하여 *Minimal Art*로까지 평가될 수 있다. 작고 단순하지만 자유로운 상상력이 돋보이는 새로운 이미지를 창출해 낸다는 점에서 예술의 경지를 엿볼 수도 있기 때문이다. 물론 원시적인 초기의 문자가 그랬듯이 추상적인 개념을 표현할 수 없는 언어 표현으로서의 한계가 지적되기도 하지만, 문자 언어의 보조수단으로서는 충분한 가치가 인정된다. 더욱이 텍스트형 통신문자에 비해 부호화와 해독화가 쉽고, 언어보편성을 갖추었으며, 언어 파괴라는 사회 문제로부터도 자유롭다.

　　그러나 '선생님'과 '쌤'이란 말에서 '쌤'이 '선생님'보다
는 친근감 있는 표현으로 사용되고 있다. 이렇듯 텍스트
형 통신문자가 올바른 언어 표현으로는 전달할 수 없는
미묘한 정감의 차이를 전달할 수 있는 장점을 가지듯이,
이미지형 통신문자는 점차 이미지가 복잡해져 가는 단점
을 갖고 있다.

　　이미지형 통신문자의 표시는 동서양이 다르다. 주로 동
양에서는 가로로 표시 ^ ^ 하지만, 서양에서는 세로 :) 로
표시한다. 가로 표시가 세로 표시에 비해 이해가 빠르고,
복잡하고 정교한 체계로 발전할 수 있는 가능성이 높다.

■ 기본적인 감정표현 문자

01. 기쁘다
^ ^　　^_^　　^.^　　^o^　　˜.˜　　:)　　:]
02. 슬프다
T.T　　π.π　　>_<　　:-(　　:-<
03. 화난다
`_´　　`o´　　)-|　　>-|　　}-|
04. 민망하다
^.^a　　f^.^　　^ ^*　　^ ^;
05. 싫다
:-/
06. 피곤하다
ㅋ.ㅌ　　@.@　　(づ.ー)　　(ー.ど)
07. 놀라다
○.○　　⊙.⊙
08. 담담하다
:-|

　　이미지형 통신문자 가운데 가장 빈번하게 사용되는
것은 기본적인 감정표현 문자일 것이다. 물론 그 의미는
사용하는 사람들에 따라 조금씩 다를 수 있지만, 대화상

황에 따라 현재 자신의 기분을 나타낼 때 사용한다.

■ 다양한 언어의 이용

01. 한글을 이용한 이미지
ㅠㅠ   ㅎ_ㅎ   ㅍ_ㅍ
02. 영어를 이용한 이미지
:P   :D   B-)
03. 일본어를 이용한 이미지
(-_-ㄨ)   ^ㅍ^   ㅋ-)

또 기본적인 자판의 문자와 기호만을 이용하기 보다는 특수문자를 사용하는 경향이 늘고 있다. 한글이나 영어와 달리 일본어를 이용한 이미지를 만들기 위해서는 특수문자를 사용해야만 한다.

■ 기타 이미지형 통신문자

01. 생선
>°))))彡   <')))>＜   <')3333>＜
02. 사탕
>(////)＜
03. 토끼
(0)(0)   /)/)
(=',' =)   ("=)
04. 일회용 반창고
(:::[　]:::)

최근 만들어지고 있는 이미지형 통신문자는 일반적으로 실제 대화에서 사용하지 않는 것들이 더욱 많다. 크고 복잡할 뿐더러, 일상적인 대화 용어가 아니기 때문이다.
■ Graphonomy

| 참고자료 |

1) 盧諭緯(1999), 說文解字 : 初探網路語言現象及其社會意義, 國立
   中正大學電訊傳播研究所研究生

찾아보기

ㄱ

가나 18, 37, 66, 73
가다가나 63, 66, 72
가독성 22, 136, 176, 177
가로쓰기 23, 149
가차 44, 46, 69, 78, 157
가획 33, 99, 100, 129
각필 70, 86, 108, 110
갑골문자 18, 28, 39, 41, 42
갑인자 96, 128, 129, 134
거란 문자 57, 59
결승 27, 41, 42
고딕체 36, 96, 124, 173, 174
고문 49
고트 문자 31
구결 67, 78, 80, 84
구역인왕경 84
구화 157
궁체 133, 176
그리스 문자 23, 31
그림문자 10, 17, 21, 23, 24, 48
글자꼴 19, 36, 125
금문 48
금석학 19

ㄴ

나바트 문자 26
나스키체 55
남산신성비 78, 82
네모꼴 51, 126, 177

능엄경언해 85

ㄷ

단어문자 44
대전 49
데리다 14
데바나가리 문자 18, 56
도상성 10, 11, 16, 18
돌궐 문자 58
동국정운체 128
동굴 벽화 9, 10, 17
두음법 32
등운도 106
띄어쓰기 143

ㄹ

라스코 10
로마 문자 31
로마자 31, 33, 36, 73
로만체 37
로제타석 23
롬바르드체 36
룬 문자 31, 58

ㅁ

마가나 66
만엽집 68
만주 문자 18, 62
망요가나 66
맥루한 15

메로빙거체　36
명조체　132, 176
모아쓰기　37, 177
몽고 문자　59, 60, 62
무권점 문자　62
문법수화　169
문자론　13, 18
문자학　19
미노아 문자　24
민용문자　22

ㅂ

바스커빌체　37
박성원　119
반절법　105
방점　145
방한체　133
방형 문자　25, 60
베네치아체　37
병서　33, 59, 100, 143
분트　159
브라미 문자　56
비트겐슈타인　13

ㅅ

사바 문자　26
사이시옷　142
산세리프　129
산세리프체　36, 37, 127, 129, 177
산씨반　49
산전효웅　67
삼재　98
상징성　16
상형　41, 44, 45, 97, 110, 118, 160
상형문자　17, 18, 23, 35, 42, 98, 157

샘물체　177
샘슨　17
서계　41
서기체　78, 80, 82
석독구결　84
석보상절체　128
선형문자　18, 24, 31
설문해자　41, 44, 50
설형문자　18, 20
성리대전　118
성리학　105, 118
세리프　129, 131, 135
세리프체　176
셈 문자　18, 23, 25, 55
소그드 문자　58
소쉬르　13, 14
소옹　119, 121
소전　49, 50
소창진평　67
소학언해체　130
속명의록체　132
송강가사체　131
송설체　127
수동소　164
수메르 문자　20, 22
수위소　164
수향소　164
수형소　163
수화　157
수화소　163
순독구결　84
스마일리　179
스크립체　37
스토케　163
시나이 문자　23, 25

신경준 120
신관문자 22
신대문자 67
신성문자 18, 22

ㅇ

아람 문자 26, 55
아랍 문자 26, 55
아비유 문자 67
아시리아 문자 21
아카드 문자 21, 26
알타미라 7, 10
알파벳 18, 23, 25, 31
암호학 19
앙샬체 36
앤틱체 37
약자구결 84
약체가명 66
어순 21, 77, 80, 170
언해본 93
에티오피아 문자 18, 26
여진 문자 57, 59
역독구결 84
연서 59, 100, 144
예의본 93
오륜행실도체 131
오행 98, 101, 105, 120
용비어천가체 127
월인석보체 129
월인천강지곡체 128
위그르 문자 57, 58, 60
유권점 문자 62
유회 121
육서 44, 110
을유자 135

을해자 134, 135
음독구결 84
음소문자 17, 18, 62, 99, 157
음양 101, 105
음절문자 17, 18, 24, 31
이두 65, 78, 80, 82, 148
이모티콘 179
이사질 121
이영보래 151
이집시안체 37
이집트 문자 22
이탤릭체 37
인도 문자 18, 56
일본 문자 65
임신서기석 80

ㅈ

자연수화 169
자음 문자 25, 26, 31, 55, 103
자질문자 17, 18, 99
장식문자 18, 23
전서체 126
전주 44, 46, 162
접미사 21
정음체 133
정자구결 84
정치음 94
좌우교호서법 32
주시경 149
증수무원록언해체 132
지사 41, 42, 44, 45, 159
지표성 16
지화 157

ㅊ

차자문자 93
창힐 42
체동소 164
초서체 22, 51, 52, 60, 66
최석정 119
최세진 115, 116
치두음 94
7종성 146, 147

ㅋ

카로슈티 문자 56
캐롤링체 36
콥트 문자 23, 31
쿠피체 55
쿼푸 27
크레타 문자 24
키릴 문자 18, 31, 61
키프로스 문자 31

ㅌ

태극 99, 105, 119
통신문자 179

ㅍ

파스파 문자 18, 60
파피루스 22
판독성 176
팔괘 41
페니키아 문자 25, 31
페루 문자 27
표음문자 17, 18, 23, 31, 35, 59, 121
표의문자 17, 18, 23, 35, 59
풀어쓰기 37
프라그 학파 14

프랙처체 36
필기체 22, 37, 136
필사체 37
필적학 19
8종성법 143, 146, 147

ㅎ

한글 28, 37
한글구결 84
한자 18, 37, 58, 61, 65, 77, 158
한자구결 84
한정사 21
해례본 93
해서체 51, 69, 176
행서체 22, 51, 60, 69, 127
향찰 87
형성 44, 46
호모 사피엔스 10
호모 에렉투스 9
호모 하빌리스 9
혼서체 134
회의 41, 44, 45, 161
훈몽자회 115, 117, 130
훈민정음 60
훈민정음예의본 95, 129
훈민정음해례본 95, 126, 127
훈점 70
휴머니스트체 37
히라가나 66, 70
히브리 문자 25

전정례

· 서울대학교, 미국 죠지타운대학교 졸업.
· 언어학박사.
· 현재 건국대학교 국어국문학과 교수.

【저서】

· 「새로운 '-오-' 연구」(1995, 한국문화사)
· 「언어와 문화」(2000, 박이정)
· 「얘기 좀 할래요?」(2002, 건대출판부)
  chun@konkuk.ac.kr

김형주

· 건국대학교 석사.
· 현재 건국대학교 국어국문학과 박사과정.

【저서】

· 「인터넷언어학특강」(1999, 국학자료원)
  linguistics@hihome.com
  http://linguistics.hihome.com

훈민정음과 문자론

◆ 인쇄 2002년 2월 28일　◆ 발행 2002년 3월 5일
◆ 저자 전정례·김형주　◆ 발행인 이대현
◆ 편집 이은희·전성호·안영하　◆ 표지디자인 장재호
◆ 발행처 도서출판 역락 / 서울 성동구 성수2가 3동 277-17
　　　　　성수아카데미타워 319호(우 133-123)
◆ TEL 대표·영업 3409-2058 편집부 3409-2060 팩스 3409-2059
◆ 전자우편 yk3888@kornet.net / youkrack@hanmail.net
◆ 등록 1999년 4월 19일 제2-2803호
◆ ISBN 89-5556-151-2-93710
◆ 정가　8,000원

* 잘못된 책은 교환해 드립니다.